Luca Volpe

"I CONSIGLI DELLA VOLPE"

Consigli pratici su come utilizzare la mente in modo produttivo e ottenere successo nella vita.

ISBN: 978-0-244-02079-8

Disclaimer: Le informazioni contenute in questo libro non sono intese per curare nessun problema fisico o psicologico. L'autore di questo libro non è responsabile per l'uso inadeguato delle tecniche descritte.

INDICE

Prefazione di Richard Romagnoli

Conosco l'autore di questo libro da diversi anni, da quando entrambi eravamo dei ragazzini perdutamente innamorati dell'arte della magia. Con il passare degli anni questa passione è maturata e Luca si è ritrovato in breve tempo a volare alto e navigare in giro per tutto il mondo, stupendo il pubblico con le sue incredibili illusioni.

Nel corso degli anni e con sempre più esperienza professionale è riuscito a collocarsi in un ambito professionale drasticamente selettivo, emergendo a più livelli e riuscendo a riscontrare l'interesse dei colleghi di tutto il mondo, grazie alle sue innovazioni nel campo del mentalismo.

L'ho sempre stimato per la sua tenacia, per la capacità di innovarsi e di rimanere profondamente curioso, virtù che gli hanno permesso di dare il suo meraviglioso contributo al mondo dell'illusionismo.

Il libro che è ora tra le tue mani è stato scritto per tutti coloro che desiderano mettere in pratica i suggerimenti che l'autore per primo ha utilizzato per raggiungere degli straordinari successi. Potremmo definire i suoi consigli dei veri e propri trucchi mentali, che permetteranno di orientare la tua attenzione verso degli obiettivi più elevati e in grado di farti raggiungere, con più consapevolezza, ciò che desideri determinare nella tua vita. In questo libro l'autore ti accompagnerà a sperimentare un'altra parte di te, quella che non conosce limiti.

Nella semplicità risiede il grande trucco che permette di liberarci, alla Harry Houdini, da tutte quelle catene mentali che zavorrano il nostro essere e che una volta rimosse danno l'opportunità di scatenare il nostro vero potenziale, rendendoci unici e contribuendo alla felicità di coloro che incontriamo.

Sono certo che troverai la lettura di questo libro interessante e piacevole perché è proprio così che l'ha pensato nella sua testa il nostro mentalista, e chissà se Luca era già a conoscenza che anche tu l'avresti letto proprio adesso, in questo momento...

Ogni pensiero nasce nella nostra mente ed è la mente, così come ci ricordano i saggi in oriente, che ci rende schiavi di quei limiti che spesso impaniamo a noi stessi e che accettiamo come reali. Ma è sempre la mente che può aiutarci a liberarci da quegli stessi limiti emancipandoci. La mente è davvero potente e questo "power" dovrebbe essere collegato al cuore, più che venire collegato al nostro ego.

La mia speranza è che i tuoi successi possano essere un valido contributo anche per la vita degli altri, spronandoti a dare sempre il meglio di te in ogni circostanza.

Possiamo sentirci realmente realizzati solamente quando le nostre conoscenze, i nostri talenti e le nostre esperienze rendono migliori noi e il mondo nel quale viviamo. Dare il tuo contributo è uno dei motivi che potrà ispirarti a migliorare ogni giorno un pochino di più, stabilendo una profonda connessione empatica con gli altri attraverso il tuo entusiasmo, il nuon umore e gratitudine. Fare ciò che ti piace è una scelta di felicità, fare con amore ciò che devi fare è una scelta di consapevolezza.

Sii sempre consapevolmente felice.

Richard Romagnoli
World Laughter Yoga Ambassador
Autore best-sellers, TEDx speaker

www.richardromagnoli.com

"I Consigli della Volpe"

Ciao! Innanzitutto grazie per aver acquistato questo libro! È il mio primo lavoro per il "grande pubblico", in quanto sino ad ora ho scritto ben venti pubblicazioni per gli "addetti ai lavori" e ho sempre desiderato poter "esportare" le mie nozioni su vasta scala. Prima di dirti cosa troverai in questo libro, vorrei però presentarmi.

Mi chiamo Luca Volpe (quindi, quale miglior titolo per questo libro?) e da ormai trent'anni mi occupo di Mentalismo. A questo punto ti starai chiedendo che cosa è un mentalista, non è così? (vedi, ti ho appena letto nella mente!) Un mentalista è una persona che "mescola" diverse tecniche, come la psicologia, il linguaggio del corpo, l'intuizione e tanto altro ancora, in modo da creare quelle che io definisco "le illusioni della mente".

Nei miei spettacoli, infatti, mostro il risultato dell'applicazione di queste tecniche in modo "spettacolare", ossia con lo scopo di intrattenere il pubblico. Alcune di queste le imparerai proprio leggendo questo libro!

Qui, inoltre, troverai dei consigli pratici su come usare la mente in modo produttivo e avere successo nella vita. Quello che hai tra le mani, quindi, non è il solito "libro motivazionale" pieno di belle parole, ma un vero e proprio "manuale del successo" dove potrai trovare delle schede con dei consigli veloci e facili da applicare alla vita di tutti i giorni.

Io non sono qui per insegnarti qualcosa, ma per condividere con te tutte quelle tecniche che mi hanno permesso di raggiungere i miei obiettivi e hanno cambiato radicalmente la mia vita. Sono concetti molto semplici a cui spesso, proprio perché sono scontati, non diamo tanto peso.

È proprio questo l'errore che io stesso ho fatto in passato. Quando ho scoperto queste tecniche, mi si è aperto un mondo, infatti non solo mi hanno fatto migliorare la mia vita professionale, ma mi sono state di grande aiuto anche per il mio stato fisico e mentale.

Ho cercato di raccogliere diverse nozioni e mescolarle con le mie esperienze personali, in modo da darti una guida "pronta all'uso" che ti permetterà di iniziare da subito il cammino vero i tuoi obiettivi. Quello che ti chiedo, però, è di non soffermarti a leggere soltanto, ma di mettere in pratica tutte le informazioni che troverai in questo libro: soltanto così potrai ottenere dei risultati. Io non posso conoscere i tuoi obiettivi, ma di una cosa sono certo: se hai acquistato questo libro, significa che dentro di te c'è quella forza interiore, quella grande determinazione che aspetta solo di prendere possesso della tua vita.

Io sono qui per liberare la forza che è in te e per motivarti a iniziare il tuo cammino verso il successo!

Allora, cosa aspetti? Immergiti nella lettura e metti in pratica i "consigli della volpe" per ottenere tutto ciò che desideri!

Good Luck!

Luca Volpe

LE QUALITÀ DEL SUCCESSO

Cosa hanno in comune le persone di successo? Hanno applicato tutte delle "regole" che gli hanno permesso di raggiungere, nel più breve tempo possibile, i loro obiettivi.

Studiando la vita dei vari personaggi di rilievo nel campo del business, dello spettacolo, del marketing, e così via, ho notato dei punti in comune che ho raggruppato qui di seguito.

- La prima regola è quella di scrivere continuamente tutti gli obiettivi, piccoli, grandi o assurdi che siano. Un obiettivo non scritto è soltanto un desiderio, qualcosa che va e viene nella tua mente. Mettendolo per iscritto, sarà lo scalino iniziale verso il raggiungimento dello stesso.

- La seconda regola è di essere orientati al risultato imparando nuove tecniche o abilità riguardanti l'obiettivo.

Se ti prepari al massimo, e sei sicuro di te e dell'argomento che vuoi portare avanti relazionato al tuo obiettivo, sarà molto più veloce il cammino verso di esso. Ovviamente, oltre a questo, devi anche organizzare il tuo tempo in modo da renderlo produttivo.

- La terza regola è quella di essere sempre pronti all'azione. Impara a superare i momenti di stallo o di "pigrizia". Il più grande problema delle persone che non riescono ad avere successo è proprio la paura di passare all'azione, sia per una questione di pigrizia che di stallo davanti alle prime difficoltà. Il tutto sta nell'iniziare. Vedrai che non ti fermerà nessuno. Questo ti porterà anche a ricevere dei feedback riguardo a ciò che stai facendo che saranno utili per correggere gli errori che potrai compiere lungo il tuo cammino.

- La quarta regola è quella di coltivare i rapporti con le persone, e non mi riferisco solo a quelle che ci possono "servire" per il nostro obiettivo, ma anche alle nostre relazioni personali. Se siamo felici con chi ci sta intorno e viviamo sereni, sarà molto più facile e divertente iniziare il cammino verso il nostro obiettivo.

- La quinta regola, che ho notato in tutte le persone di successo (almeno in molte di esse) è prendersi cura di se stessi. Non solo dal punto di vista fisico, quindi con un'alimentazione adeguata, con allenamento, e così via, ma anche dal punto di vista mentale. Personaggi come Tony Robbins, Tim Ferris, Oprah Winfrey e tantissimi altri hanno dei loro "rituali" che li aiutano a stare bene con se stessi e quindi ad affrontare meglio i problemi che potrebbero presentarsi. In un'altra sezione di questo libro troverai informazioni più dettagliate riguardo a quest'argomento.

- L'ultima regola è la disciplina. Devi essere responsabile al 100% delle tue azioni, e quindi sapere esattamente cosa, come e quando fare determinate cose. Se, per esempio, sei andato a letto molto tardi e il giorno successivo non hai voglia di alzarti per organizzare la tua giornata di lavoro, sarà proprio in quel momento, forzando te stesso nel farlo, che andrai a costruire il tuo carattere essenziale e fondamentale per diventare una persona di successo!

Ecco alcuni segni che ti faranno capire se stai seguendo la giusta strada per arrivare al successo. Ricorda che il successo non è sinonimo di ricchezza o fama.

Il vero successo è la felicità di poter fare ciò che ti piace.

Ecco i cinque segni che ti fanno capire se hai successo nella vita:

1. Fai un lavoro che ti piace e ti soddisfa.

2. Sei una persona che ha sempre grandi obiettivi e non smette mai di sognare.

3. Hai una chiara visione del futuro e di ciò che dovrai affrontare per raggiungere il successo.

4. Sei determinato e non ti importa quanto sarà difficile raggiungere il tuo obiettivo.

5. Ami la vita in tutte le sue sfumature e cerchi di vedere il lato positivo anche nelle cose non belle.

Il successo non arriva per caso, lo si acquisisce con costanza e tenacia.

Se credi in quello che fai, sei nato per vincere!

"Abbiamo quaranta milioni di ragioni per fallire, ma non una sola scusa"

Rudjard Kipling

PRENDITI LE TUE RESPONSABILITÀ

Il 100% di tutto ciò che ci accade dipende dalla misura in cui noi ci prendiamo le nostre responsabilità.

Il punto è questo: **noi siamo le uniche persone responsabili della nostra vita.** Per avere successo bisogna che ci prendiamo il 100% delle nostre responsabilità per tutto quello che ci accade, e questo include le nostre relazioni, il nostro stato fisico e mentale (infatti mi fanno ridere le persone che dicono di avere problemi di respirazione, quando si sono presi la responsabilità di fumare venti sigarette al giorno!), i nostri successi e i nostri fallimenti.

Il problema è che noi diamo la colpa di quel che ci succede a tutto ciò che ci circonda.

Non abbiamo soldi? Diamo la colpa al "sistema" perché non ci sono posti di lavoro. Le nostre relazioni finiscono male? Diamo la colpa alle donne (o agli uomini) dicendo che hanno un brutto carattere.

Non vogliamo capire che il vero problema è dentro di noi!

Dobbiamo smettere di trovare scuse con noi stessi e iniziare a capire che **tutto ciò che ci accade nella vita è il risultato di come noi reagiamo a ciò che ci succede.**

Molte persone, quando non ottengono risultati, danno la colpa agli eventi. Noi non possiamo fare nulla contro gli eventi che ci accadono, ma una cosa possiamo farla: **possiamo cambiare la nostra reazione a essi in modo da ottenere il risultato che desideriamo.**

Alcuni anni fa avevo un manager che mi organizzò un tour teatrale e, nel bel mezzo del lavoro, mi disse che doveva abbandonare il progetto per diverse "questioni personali". Puoi solo immaginare in che EVENTO della mia vita ero cascato! Tutto era organizzato e, da che avevo un team di persone che mi aiutava, mi ritrovai all'improvviso da solo a dover affrontare tutto!

A questo punto, la cosa più "normale" sarebbe stata quella di lasciar perdere tutto. Invece, la mia "reazione all'evento" fu il continuare ad essere determinato nel portare avanti quel progetto e, infatti, riuscii a trovare le SOLUZIONI che mi hanno poi fatto realizzare il mio obiettivo.

La mia decisione è stata di reagire all'evento in modo diverso da quello che normalmente avrei fatto in passato. Ed è stata proprio questa mia reazione che mi ha portato il risultato che volevo.

Tutto quello che ci accade oggi è il risultato delle scelte che abbiamo fatto nel passato. Questo vuol dire che se inizi a reagire in modo diverso agli eventi che ti accadono, senza accontentarti della "soluzione comoda", allora avrai maggiori possibilità di raggiungere il tuo obiettivo.

Se continui a fare quello che hai sempre fatto, non otterrai miglioramenti! Se cominci a prenderti le responsabilità di tutto ciò che fai, in ogni settore della tua vita, vedrai che le cose si "modelleranno" nel modo che desideri!

Mi riferisco a tutti gli ambiti, anche quello di sistemare il tuo studio, per esempio. Infatti, quello che ti consiglio di fare è di scrivere quali responsabilità prenderesti in più per migliorare determinati ambiti della tua vita. Dall'andare più volte in palestra, all'essere meno stressato, ecc.

Fai delle liste di cose che sai che, assumendoti un po' di responsabilità in più, ti miglioreranno la vita.

Il segreto per una vita di successo è saper pianificare tutto in modo pragmatico. Se ti abitui a scrivere tutto, e non mi riferisco solo a questo esercizio, ma anche agli altri descritti in questo libro, vedrai che avrai una visione generale e più definita di ciò che devi affrontare per raggiungere i risultati che desideri.

CREDI IN TE STESSO

Quante volte ci blocchiamo davanti alle difficoltà?

Quante volte avrai detto: "CREDO di non farcela!"

La chiave di tutto è proprio la parola "CREDO", ma che cosa significa realmente?

Una cosa o la fai o non la fai, non puoi "CREDERE di non farcela".

Se cominci a rimuovere questa parola, ogni volta che ti troverai davanti a una difficoltà affronterai il problema in modo più fiducioso. La prima cosa da fare, quindi, è acquistare fiducia in se stessi. Per fare ciò, eccoti alcuni semplici consigli da seguire:

La prima da cosa fare è essere competenti in ciò che vuoi realizzare. Ovviamente non vuoi metterti in una situazione in cui non padroneggi la materia.

Pensa positivo! Spesso la causa delle insicurezze è dovuta proprio al dialogo negativo interiore, che ci blocca. Trasforma quella "vocina" in un dialogo positivo.

Pensa alle cose che la vita ti ha regalato! Spesso l'insicurezza è dovuta anche al fatto di non avere abbastanza, e mi riferisco alla forza di volontà, la fortuna, ecc. Quante volte ti sarà capitato di dire: "Non potrò mai fare quella cosa, non ho abbastanza forza di volontà!" oppure: "Per arrivare a quel livello bisogna essere molto fortunati", e così via. In realtà non stai facendo altro che trovare delle scuse per nasconderti dietro la tua insicurezza.

Impara a prendere il controllo delle cose e impara a guidare gli altri. La sicurezza nasce proprio dal controllo di se stessi e degli altri. Magari anche "in piccolo", ma cerca di essere a capo di un team o rappresentante di un gruppo di lavoro.

Il fatto di avere delle persone da gestire e di dover prendere delle decisioni ti farà avere più fiducia in te stesso.

Cura la postura! È assolutamente importante curare la propria immagine e il modo di muoversi. Una buona postura e un appropriato linguaggio del corpo ci aiutano ad avere più fiducia in noi stessi e ci fanno essere più sicuri davanti agli altri.

Impara a rischiare! Fare sempre le stesse cose ti fa rimanere in stallo e non ti fa migliorare. Buttati in nuove avventure e non avere paura di sbagliare. Gli sbagli ti faranno solo capire dove devi migliorare e rafforzeranno la fiducia in te stesso. Vivi con un mindset dedicato al successo! Aspettati di vincere! Anche se sai che ci saranno delle difficoltà durante il percorso, affrontale invece di dire: "CREDO di non farcela"! Guarda avanti e proietta te stesso ad essere un vincente!

Circondati delle persone giuste! Ci sono persone che "succhiano" la nostra energia e che ci buttano giù di morale perché sono invidiose dei nostri successi. Questo tipo di persone non solo non ti faranno essere sicure di te stesso, ma saranno responsabili dei tuoi fallimenti, quindi evitale! Piuttosto, frequenta persone che ti stimolano e che ti fanno crescere professionalmente e umanamente.

Non dire sempre "Mi dispiace" o "Scusa per il disturbo". Quante volte facciamo delle telefonate di lavoro dove ci scusiamo continuamente per la paura di avere disturbato una persona? Sicuramente bisogna essere educati, ma le troppe scuse ci faranno sembrare persone poco sicure. Quindi, affronta gli altri con un senso di sicurezza, fai vedere che "sai il fatto tuo" e non avere timore di camminare a testa alta.

E, per concludere, voglio ricordarti che **noi siamo nati per essere sicuri di noi stessi.** Purtroppo è la società in cui ci troviamo che ci bombarda di informazioni che ci fanno essere poco fiduciosi circa il nostro futuro e su ciò che siamo.

Ricorda che tu sei unico e che nessuno può giudicarti.

"La vita è per il 10% cosa ti accade e per il 90% come reagisci"

Anonimo

I 6 INGRANAGGI DELLA
REALIZZAZIONE PERSONALE

Tutti abbiamo il desiderio di realizzarci nella vita, di riuscire a fare ciò che desideriamo e vivere felici. Spesso troviamo degli intoppi lungo il nostro cammino, però dobbiamo essere in grado di superarli anche quando pensiamo di non farcela: in quel momento capiremo se siamo veramente disposti a raggiungere un obiettivo!

Quando ci si ferma davanti alle difficoltà, significa che qualcosa è venuto a mancare, facendo crollare il nostro progetto. È come costruire una torre di mattoncini dove, all'improvviso, viene a mancarne uno facendo cadere tutta la torre.

Prima di costruire qualcosa, bisogna sapere esattamente quanti mattoncini serviranno e come saranno disposti. Solo con questo schema riusciremo a capire come disporre i mattoncini, uno dopo l'altro.

Per questo motivo ho creato sei
semplici step, che ho chiamato "I 6
ingranaggi della realizzazione
personale"

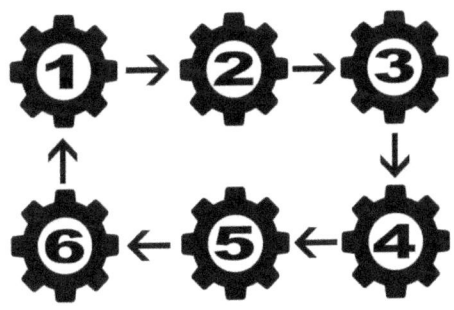

Il primo ingranaggio è la
COMPETENZA. Questo significa
che, prima di cimentarti in un progetto,
devi esserne competente al 100%. Ciò
ti darà la sicurezza di poter affrontare i
prossimi step.

Il secondo ingranaggio è quello dell'**AZIONE**. Significa che devi attivarti per iniziare un cammino che ti porterà alla realizzazione del tuo obiettivo.

Il terzo ingranaggio è la **DETERMINAZIONE**. Una volta che hai cominciato, devi entrare in uno stato mentale che ti faccia essere focalizzato completamente sul tuo obiettivo. Non devi farti distrarre da tutte le problematiche che potrebbero sorgere lungo il percorso.

Il quarto ingranaggio è la **COSTANZA**. Purtroppo molto spesso, nel momento in cui ci troviamo davanti alle difficoltà, siamo tentati di gettare la spugna e cominciamo a convincere noi stessi che forse non ne vale la pena. È proprio questo uno degli errori più gravi che commettiamo: nel momento in cui perdiamo la convinzione, abbiamo perso tutto.

Senza la costanza è come se avessimo perso il famoso mattoncino della torre. La costanza è fondamentale, soprattutto nei momenti difficili che, se superati, ti porteranno automaticamente al quinto ingranaggio, ovvero…

IL RISULTATO! Se sei determinato e hai costanza, non puoi non ottenere risultati.

Ma c'è un sesto ingranaggio, che in qualche modo connette tutti gli altri cinque ed è **LA FIDUCIA** in noi stessi: senza quest'ultima non potrebbero "muoversi" gli altri ingranaggi. Senza fiducia in noi stessi, non saremmo determinati e non avremmo costanza; quindi non otterremmo risultati.

La realizzazione personale è facile da ottenere, bisogna solo avere fiducia in se stessi, iniziare, essere determinati ed avere costanza: solo così si potranno ottenere i risultati che desideriamo.

PERCHÈ PREOCCUPARSI?

Una frase famosa diceva: "Le difficoltà devono spronare, non scoraggiare."

Quante volte siamo preoccupati e spesso anche per situazioni a noi estranee! La preoccupazione è soltanto uno stato mentale, perché essere preoccupati per qualcosa non risolve assolutamente nulla!

Dovremmo imparare a trasformare la preoccupazione in azione. Infatti quando siamo preoccupati riguardo qualcosa rimaniamo bloccati, i pensieri ci assalgono e non ci attiviamo verso l'obiettivo prefissato.

Inoltre la preoccupazione porta dei problemi psico-fisici, ci fa essere apprensivi, depressi e ci fa perdere l'autostima. Quando si è sempre preoccupati, si ha quell'aria di negatività che ci fa allontanare anche dalle persone che ci sono intorno.

Ne vale la pena? Come fare per trasformare la preoccupazione in azione? È molto semplice: nel momento in cui cominciamo a preoccuparci di qualcosa, dobbiamo fermarci per un attimo, ragionare su quella situazione in modo pragmatico e cercare poi di trovare la soluzione al problema. Magari scrivi e pianifica le possibili soluzioni al problema; questo ti farà essere più schematico e ti farà evitare di entrare in quel turbine di pensieri negativi che non faranno altro che confonderti.

Affronta la preoccupazione con intelligenza e schematizzazione, usa la testa e non il cuore.

Non farti coinvolgere da ciò che provi, ma impara a guardare "dall'esterno".

Ricorda le tre "S":

- STOP (fermati a pensare)

- SEARCH (cerca la soluzione)

- SOLVE (risolvi il problema)

Vedrai che, seguendo questi consigli, le tue preoccupazioni si trasformeranno in soluzioni e non in stati mentali negativi.

"Il più grande spreco del mondo è la differenza tra ciò che siamo e ciò che potremmo diventare"

Ben Herbster

CURA LA MENTE

Ora voglio darti delle indicazioni pratiche sul modo in cui "nutrire" la mente: come ogni altro organo del corpo umano, infatti, essa necessita di una cura particolare.

Ecco qui di seguito alcuni step:

Step 1: Innanzitutto decidi di fare meditazione oppure uno sport che ti aiuti a liberare la mente, come lo yoga, per esempio. Personalmente, la prima cosa che faccio ogni mattina è la mia sessione di yoga seguita da un quarto d'ora di meditazione. Non sto parlando di cose "esoteriche" o mistiche, ma di una pratica (la meditazione) molto importante: dà ossigeno al cervello, ti prepara ad affrontare la giornata in modo più rilassato e aumenta la capacità di concentrazione.

Step 2: Ogni tanto fermati, prenditi una pausa. Non c'è nulla di peggio che lavorare senza alcuna sosta. Il cervello è come il motore di un'automobile... se lo tieni in accelerazione costante, prima o poi esplode! Concediti dei momenti di break, alzati, fai un po' di movimento, prendi un po' d'aria, insomma... distraiti e, soprattutto, in quel momento di libertà non metterti a parlare con i tuoi colleghi di lavoro!

Step 3: Stacca la spina. Dormire è fondamentale; il nostro cervello ha bisogno di almeno sette ore di sonno. Non dormire non solo nuoce alla salute, indebolendo il sistema immunitario, ma soprattutto alla memoria e alla creatività! Il tempo che pensi di "perdere" mentre dormi è in realtà ben impiegato.

Step 4: L'ultimo step, forse, è quello più importante. Mangia bene! Si dice: "Tu sei quello che mangi", ed è vero! Mangiare sano non solo aiuta il nostro organismo, ma soprattutto la nostra mente: una buona dieta ci rende attivi e concentrati. Quando sei in pausa pranzo, non comprare le solite patatine fritte; scegli piuttosto una bella insalata mista, che contiene antiossidanti importantissimi per il tuo organismo e ti sazierà senza farti del male!

"Healthy body, healthy mind!"

MEDITATE GENTE... MEDITATE!

Molti pensano che starsene lì seduti a gambe incrociate per un quarto d'ora al giorno sia una cosa stupida, ma devo contraddirli!

La meditazione è assolutamente importate per il nostro equilibrio mentale e fisico. Ci aiuta non solo a dormire meglio, ma ad avere quel senso di felicità che ci fa essere più presenti nelle attività quotidiane.

Non sarà facile all'inizio, soprattutto per chi parte dall'idea che sia una cosa inutile, ma ti garantisco che una volta iniziato non ne potrai fare a meno. La cosa importante è che tu riesca a ritagliare quindici minuti della tua giornata per meditare, e non dirmi che non ci riesci!

La meditazione è la porta che aprirà la tua mente a conoscere meglio te stesso e i tuoi bisogni.

Come tutte le cose, però, bisogna praticarla nel modo giusto! Ecco alcuni consigli che possono aiutarti.

1. Innanzitutto cerca un momento nella tua giornata per meditare. Io, personalmente, medito dopo la mia sessione di Yoga per circa quindici o venti minuti. Se devi andare al lavoro, basta svegliarsi quindici minuti prima è il gioco è fatto! Trova una stanza dove puoi stare calmo e senza distrazioni e spegni il telefonino. Ricorda che quei quindici minuti dovranno essere sacri. Se accendi una candela profumata o dell'incenso, saranno anche più rilassanti.

2. Usa della musica appropriata. Esistono diverse tracce su Youtube; basta digitare "15 minutes meditation music" et voilà, avrai solo l'imbarazzo della scelta.

Metti un paio di cuffiette e sarà tutto pronto!

3. La postura è molto importante. Potrai stare con le gambe incrociate, sia su un tappetino (quelli per lo yoga sono ottimi) sia su un cuscino per meditazione: sono cuscini speciali, rotondi e imbottiti di farro, che ti aiuteranno ad ottenere una postura perfetta. Se hai problemi nello stare a gambe incrociate, puoi stenderti sul letto.

4. Alcune persone preferiscono tenere gli occhi semichiusi quando meditano, poiché nel momento in cui li chiudono la mente potrebbe facilmente distrarsi e pensare a un sacco di cose. Personalmente li tengo chiusi, in quanto meditando da molto tempo ho imparato a focalizzare il mio pensiero.

Prova in entrambi i modi e poi usa quello che ritieni più opportuno.

5. La focalizzazione è una questione importante. Una buona tecnica per evitare di distrarsi è concentrare l'attenzione sul proprio respiro. Questo aiuta anche ad essere più in contatto con noi stessi. A proposito di respirazione, non forzarla. Se i pensieri arrivano, falli scorrere lentamente via e torna a focalizzare la tua attenzione sul respiro.

La durata di una sessione di meditazione va dai dieci ai venticinque minuti. Ci sono persone, come il guru della fisica quantistica Deepak Chopra, che meditano per due ore... ma onestamente io non ci riuscirei mai!

Per concludere: medita con gioia!

Non farlo perché devi, ma con la consapevolezza che quel momento di pace con te stesso ti porterà benefici non solo durante la giornata che affronterai, ma in tutta la tua vita.

"Il futuro appartiene a coloro che credono nella bellezza dei propri sogni"

Eleanor Roosevelt

MIND MAPPING

Il Mind Mapping è la cosa migliore da fare per trasformare i pensieri in forma visiva, inoltre ci aiuta tantissimo nel raggiungere i nostri obiettivi.

Una "Mappa Mentale" non è altro che l'atto di connettere informazioni intorno a un'idea centrale. Normalmente è strutturata ad "albero", dove da un'idea centrale si formano dei rami e dei "sotto-rami" che formano delle sezioni. Ogni sezione può essere sempre più dettagliata riguardo all'argomento scelto.

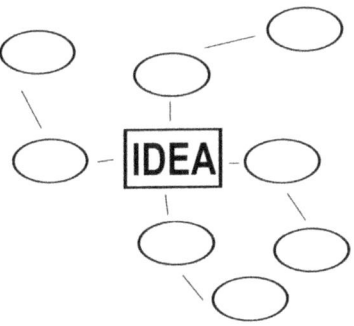

La mappa mentale può essere usata per qualsiasi cosa, dallo studio alla realizzazione di un progetto, dalla creazione di un prodotto alla realizzazione personale. Uso questo sistema da sempre e devo dirti che mi ha molto aiutato ad avere una visione chiara dei progetti che ho poi realizzato.

Un consiglio importante che voglio darti è di creare una mappa mentale dinamica. Mi riferisco al fatto di includere, oltre che testi, anche grafici, immagini e tutto ciò che serve a motivarti per realizzare un tuo obiettivo. La combinazione di colori, immagini e testi ti aiuterà a ricordare meglio le cose da fare.

Il bello di questo sistema è che permette di unire diversi concetti in base a un'associazione logica in grado di creare step visivi che ti porteranno a seguire un certo percorso.

Per esempio, quando ho pianificato questo libro sono partito dal concetto centrale del mio ash-tag "#iconsiglidellavolpe". Da questo ho diramato vari concetti come "consigli pratici" - "Argomenti trattati" e via dicendo. Questo sistema mi ha dato una visione chiara del prodotto finale.

Questo sistema riproduce il modo in cui il nostro cervello elabora le informazioni, infatti sappiamo che noi non pensiamo in modo lineare: i nostri neuroni sono connessi attraverso ramificazioni che portano ad un determinato pensiero.

Il Mind Mapping è utilissimo anche nella creazione di un prodotto. Si parte da un'idea centrale per poi trovare le varie soluzioni per la realizzazione del prodotto stesso.

Grandi aziende utilizzano team di persone che lavorano insieme alla creazione di queste mappe di pensieri: ho avuto la possibilità di vederne alcune e devo dirvi che ne sono rimasto davvero impressionato! Una di queste aveva circa trecento diramazioni!

Per creare la tua mappa mentale puoi utilizzare il tuo tablet o un pezzo di carta (ma dovrai poi ritagliare le immagini da incollare!). In qualunque modo tu decida di farla, ecco gli step che ti aiuteranno nella sua creazione.

- Inizia a creare il tuo primo punto nel centro del foglio. Questo è importante perché in questo modo potrai avere lo spazio nel creare le varie ramificazioni.

- Usa un'immagine come pensiero centrale: questo ti aiuterà nell'essere più focalizzato sull'obiettivo finale!

- Usa colori nel disegnare le ramificazioni, in questo modo il cervello sarà stimolato a essere creativo e, soprattutto, la mappa non sarà noiosa!

- Connetti tutti i livelli della mappa mentale utilizzando linee curve e non rette. È stato provato che la parte creativa del cervello viene attivata quando si visualizzano figure che vanno a stimolare il nostro lato "artistico". Questo ci aiuta a trovare molto più velocemente la fase successiva del processo creativo.

- Usa parole chiave in ogni sezione, cerca di evitare frasi, in modo che sia tutto molto più chiaro e diretto al punto.

Il Mind Mapping è potente mezzo creativo che, sono sicuro, ti porterà grandi benefici sia nel lavoro, sia nella tua vita.

TIME MANAGEMENT

Quante volte avrai detto: "Non ho tempo per fare questa cosa...", oppure: "C'è poco tempo per finire questo lavoro...".

Ho una buona notizia per te: Il tempo in realtà ce l'hai, devi solo imparare a gestirlo!

Innanzitutto rifletti sul fatto che il tempo è relativo, poiché dipende da come noi lo percepiamo. Quante volte ti sarà capitato di aspettare il tuo turno in un ufficio e avere la sensazione che il tempo non passi mai, oppure - al contrario - di incontrare dopo anni un bambino, amico di famiglia, che sembra sia cresciuto improvvisamente, come se il tempo fosse volato!

Viviamo il tempo grazie a tre componenti: pensieri, conversazioni e azioni. Indipendentemente dal tipo di attività che svolgi, esso sarà sempre composto da questi tre elementi.

Ora sta a te decidere su quali di questi tre elementi puntare. La decisione che prenderai potrebbe portarti al successo.

Ecco qui di seguito alcuni consigli che non solo ti aiuteranno a comprendere quale di questi elementi non ti rende produttivo come vorresti, ma ti faranno gestire in modo pratico il tuo tempo:

1. Pianifica tutte le tue attività e prendi nota di quale di questi tre elementi ti fa essere poco produttivo. In questo modo capirai quanto tempo hai speso producendo risultati e quanto, invece, ne hai speso in chiacchiere inutili.

2. La disciplina è la cosa più importante! Pianifica gli appuntamenti dando priorità alle cose alle quali dai più valore.

3. Usa le prime ore della mattina, magari durante la colazione, per pianificare la tua giornata. Cerca di impostare un mindset specifico in base ai risultati che vuoi ottenere.

Ultimo e più importante consiglio: quando lavori e sei focalizzato su di un obiettivo, evita distrazioni! Spegni il telefono e concentrati nell'utilizzare il tempo solo per quel lavoro specifico; vedrai che, paradossalmente, guadagnerai tempo libero per rilassarti!

"Ci sono due cose che non tornano mai indietro: una freccia scagliata e un'occasione perduta"

Jim Rohn

HAI IL GIUSTO MINDSET?

Leggiamo spesso sui vari libri motivazionali che per avere successo bisogna avere il giusto "Mindset" (stato mentale): cosa significa esattamente? Come lo si ottiene?

Per farla breve, il mindset è ciò che determina il modo in cui percepisci il mondo intorno a te e con cui interagisci con esso. Nel momento in cui cambi il tuo stato mentale, riesci a cambiare il tuo stile di vita. Per fare, però, questo devi procedere per gradi, assumendo delle abitudini precise.

Innanzitutto devi partire dal presupposto che il mondo che ti circonda non è fatto di limitazioni, ma di abbondanza. Se pensi di avere dei limiti, questo non farà altro che bloccare il tuo cammino verso il successo.

Diversi studi hanno provato che le persone che avevano uno stato mentale rivolto all'abbondanza di possibilità hanno raggiunto il successo, mentre coloro che avevano uno stato mentale negativo verso le occasioni che la vita gli offriva, sono rimasti al punto di partenza, senza fare nessun progresso.

Se cominci a pensare di te stesso che non sei bravo abbastanza o che sarà impossibile raggiungere determinati obiettivi, allora hai già perso dall'inizio. Cosa succederebbe se invece cominciassi a immaginare che il mondo è pieno di possibilità? Che ogni nuovo giorno è un giorno speciale ricco di occasioni? Sono sicuro che affronteresti la vita in modo totalmente diverso!

Il punto è proprio questo: per avere un giusto mindset, la prima cosa da fare è capire che non ci sono limiti a ciò che puoi ottenere, e che i limiti siamo noi stessi a porli.

La prima cosa che devi fare è smettere di parlare a te stesso in modo negativo! Quante volte ti sarà capitato di dire: "Come sono stato stupido!", oppure: "Perché queste cose capitano sempre e solo a me?". Tutti questi pensieri negativi non fanno altro che CONVINCERTI che non puoi farcela.

Se ci ragioni un po' su, ti renderai conto che quelle cose che spesso ci capitano non sono poi così drammatiche come sembrano. Quindi, comincia col toglierti il vizio di parlare in modo negativo a te stesso. Il consiglio che ti do è di provare a registrare i "Commenti a te stesso" ogni volta che ti trovi in quelle situazioni o, meglio ancora, di guardarti allo specchio e parlare a te stesso: questo ti farà sentire stupido e ti farà capire quanto inutili siano questi discorsi di "auto-distruzione".

Comincia a pensare positivo. Usa frasi del tipo: "La prossima volta non accadrà più questo...", oppure: "Come posso fare per migliorare questa situazione?" e via dicendo. Usa affermazioni positive nel corso della tua giornata, questo ti darà la carica per affrontare i problemi.

Per esempio, quando mi sveglio, la prima cosa che dico è: "Oggi sarà una splendida giornata piena di opportunità". Solo nel dire questa frase raggiungo il mindset che mi farà affrontare la giornata in modo positivo.

Cambia il modo in cui vedi le cose. Per esempio, i problemi guardali come "sfide", le difficoltà vedile come "momenti di crescita". Comincia a dare definizioni diverse alle cose che accadono.

Ricorda: le difficoltà che affronterai oggi ti daranno le risorse per avere successo domani.

Si sa, la vita è fatta di alti e bassi, ma se guardi agli eventi come a delle "lezioni" di crescita, otterrai il mindset che ti porterà al successo.

CREA LA TUA REALTÀ

Pensaci un attimo: tutto quello che ti circonda è stato creato dalla mente umana. Il telefono che usi, per esempio, è stato creato da un momento di "illuminazione" che ha portato a quella scoperta. Significa che solo alcuni "eletti" hanno queste capacità mentali? Assolutamente no! Ogni essere umano è fatto per camminare, parlare, amare, imparare, giocare, lavorare, pensare, creare e molto altro ancora.

Ognuno di noi ha delle innate capacità di creazione, quindi possiamo creare la nostra realtà e plasmarla nel modo in cui vogliamo. Ma come si fa? Qual è il segreto? Nel film "MATRIX" bastava prendere una pillola per entrare in questa realtà parallela. In effetti, basta "poco". Noi viviamo "guardando" la realtà e non "osservandola", siamo così presi dalla routine che non riusciamo a renderci conto che oltre ciò che "guardiamo" c'è molto altro.

Il Matrix, appunto, non è altro che l'esplorazione interiore di se stessi, l'abilità di percepire il mondo in modo diverso da ciò che è.

Nel momento in cui entri nel Matrix puoi effettuare dei cambiamenti nella vita reale e creare cose che nella realtà ancora non esistono, e mi riferisco a qualsiasi cosa, da un'invenzione alla creazione di un brano musicale. In quel preciso istante, nel momento in cui crei, stai entrando nel Matrix, in quel mondo parallelo all'interno della tua mente che ti permette di creare ciò che ancora non esiste.

Ma come si è entra nel Matrix?

Ecco come: devi avere la chiarezza di pensiero su ciò che vuoi ottenere e la chiarezza sulle azioni da intraprendere per realizzarlo. Chiarezza = Azione

Se hai un obiettivo chiaro nella tua mente, che sia nella tua vita lavorativa o nella creazione di qualcosa, pur non avendo ancora la soluzione, sarà molto più facile percorrere gli step che ti porteranno al raggiungimento dello stesso.

Per esempio, prediamo un musicista. Lui ha la chiarezza di pensiero nella creazione di un brano romantico, ma non sa ancora quali note mettere insieme per la composizione dello stesso. Il fatto di avere la chiarezza mentale sulla tipologia di brano che dovrà creare (romantico), lo fa partire già con l'idea che la natura della tonalità della composizione dovrà essere "maggiore", e quindi gioiosa.

Proprio grazie a questa "chiarezza di pensiero" egli sarà in grado di entrare nel Matrix e trovare la soluzione giusta per la creazione della melodia.

Se si fosse seduto pensando di scrivere una canzone, ma senza avere la chiarezza mentale sul genere o sul feeling che voleva ottenere, non sarebbe stato possibile passare dall'AZIONE alla creazione.

Quindi, come puoi capire, se hai le idee chiare su ciò che vuoi realizzare sarà molto più facile passare all'azione, ma per fare questo devi uscire dalla realtà in cui viviamo. Ciò significa che non devi farti prendere dalle distrazioni mentali che questa routine quotidiana ci porta.

Avrai sicuramente sentito la frase che dice: "Gli artisti hanno sempre la testa tra le nuvole" oppure: "Gli artisti vivono in un modo tutto loro." In realtà è proprio vero. Gli artisti, o in generale le persone che creano, cercano di vivere più nel Matrix che nel mondo reale, proprio perché la realtà li blocca nella creazione, e quindi nell'azione del pensiero.

Con questo non voglio suggerirti di essere distratto e di non vivere la realtà, ma di provare ogni tanto a staccare la spina dal mondo in cui vivi e cercare dentro di te la chiarezza su ciò che vuoi creare per rendere migliore la tua vita!

Ricorda, solo tu hai il potere di creare la tua realtà!

"Chiunque smetta di imparare è vecchio, che abbia 20 o 80 anni. Chiunque continua ad imparare resta giovane. La più grande cosa nella vita è mantenere la propria mente giovane"

Henry Ford

MOTIVAZIONE QUANTISTICA EMOZIONALE

Albert Einstein parlava della forza della visualizzazione positiva e diceva che per raggiungere in nostri obiettivi dobbiamo visualizzarli come se già li avessimo ottenuti.

Facile a dirlo, ma cosa si può fare per entrare in uno stato mentale che ti permette di utilizzare in modo concreto la visualizzazione positiva? Quali sono gli step che ci consentono davvero di far funzionare questo tipo di tecnica?

Innanzitutto bisogna dire che la visualizzazione positiva serve per motivare noi stessi a raggiungere un determinato obiettivo, ma questo tipo di tecnica non deve fermarsi nell' "immaginare" qualcosa, ma piuttosto nel "sentire" tutte le sensazioni che quella cosa può darci.

Un studio fatto negli Stati Uniti prevedeva di chiedere ad alcuni atleti di basket, prima della partita, di fare questo:

1. Lanciare la palla al canestro cento volte al giorno.

2. Non lanciare la palla, ma immaginare se stessi nell'atto di farlo.

3. Lanciare la palla, ma prima di farlo visualizzare il tiro e sentire la gioia di fare canestro.

Alla fine del test, non ci crederai, ma quelli che hanno fatto cento tiri al canestro (punto 1) hanno fatto meno punti durante la partita rispetto altri due gruppi, cioè quelli che avevano solo "immaginato" di farlo e quelli che lo avevano fatto aggiungendo il processo di visualizzazione!

Magari pensi che sia difficile, ma in realtà è una cosa che fai tutti i giorni.

Quante volte ti sarà capitato di immaginare il passato e vivere quei momenti come se fossero reali... magari sei riuscito anche a percepire un profumo o un'emozione particolare legata a quel ricordo. Pensare al passato è già un esercizio di visualizzazione.

Ciò che devi imparare è utilizzare la visualizzazione positiva in modo conscio, cioè creando nella tua mente delle situazioni che tu vuoi ti accadano nel futuro e sentirne le sensazioni. Facendo questo, cioè provando in modo "reale" tutte le emozioni che un certo obiettivo ti porterà, sarai motivato ad attivarti per raggiungere un determinato risultato.

Per rendere facile questo tipo di tecnica mentale ho ideato un processo chiamato: **"Motivazione Quantica Emozionale"**. È un misto di meditazione, rilassamento, motivazione ed emozione.

L'idea sta nell'immaginare un sogno da realizzare e sentirne l'emozione prima ancora di aver raggiunto l'obiettivo stesso. L'emozione poi viene immagazzinata e rilasciata nel momento in cui abbiamo delle difficoltà durante il percorso. Immagina di diventare come una batteria di energia inesauribile capace di immagazzinare e rilasciare emozioni ed energia positiva a comando. Fantastico, no?

Ecco come fare:

1. Siediti comodamente su una sedia o, meglio ancora, su un materassino a gambe incrociate (come se stessi per meditare).

2. Fai tre respiri profondi e al terzo respiro chiudi lentamente gli occhi.

3. Libera la mente da qualsiasi pensiero. Immagina che questi pensieri si dissolvano nel nulla.

4.   Immagina   il   tuo sogno/obiettivo/desiderio in tutti i suoi dettagli.

Facciamo un esempio. Non basta immaginare di "avere una nuova casa", devi viverne i particolari. Visualizza il momento in cui apri la porta della tua nuova casa: com'è la porta? Prova a "sentire" la pesantezza di essa, il materiale. Ora entra in casa: cosa vedi sulla tua destra? Sei nel salone? Come sono dipinte le mura? Senti il profumo di casa nuova, guarda la luce che entra dalle finestre, senti la morbidezza del divano... insomma, fai in modo che quello che senti sia come se l'avessi già provato.

5. Prenditi il tempo necessario per sentirne l'emozione. Senti dentro di te la gioia di aver realizzato in quel momento il tuo desiderio. Lasciati andare alle emozioni.

6. Immagina che tutta l'energia positiva che stai provando sia immagazzinata nel tuo corpo. Immagina di accumulare energia come se fossi una pila inesauribile.

7. Una volta che senti questa energia positiva dentro di te, apri lentamente gli occhi.

Se fai questo esercizio spesso, ti posso garantire che entrerai in uno stato mentale molto più positivo, che ti darà la carica necessaria per muoverti verso la realizzazione del tuo obiettivo. Inoltre, proprio per il fatto di aver creato questo stato mentale positivo, nel momento in cui dovessi avere dei dubbi riguardo la realizzazione del tuo desiderio, la tua mente ricorderà le emozioni provate e quindi le "rilascerà" nel tuo corpo, facendotele rivivere.

Questo si chiama "Anchoring": hai collegato un momento a un'emozione, quindi ogni volta che penserai a quel momento particolare, l'emozione positiva invaderà il tuo corpo.

Lo so che tutto questo potrebbe sembrare un po' "mistico", ma credimi: io sono la prova vivente che questa tecnica funziona.

Ti faccio un esempio; alcuni anni fa, mentre mi trovavo su una nave da crociera per fare il mio spettacolo, ho letto un articolo di un mio collega americano che aveva ricevuto l'oscar del mentalismo, il "Merlin Award". Questo premio è paragonabile all'oscar del cinema: ogni anno una commissione sceglie, tra i vari mentalisti nel mondo, colui che merita il premio in base all'esperienza, ai spettacoli fatti e al contributo dato al mentalismo nel mondo.

In quel momento pensai a come sarebbe stato ricevere un premio così importante, e ricordo che cominciai a visualizzare in modo così forte di possederlo, che ne percepii le emozioni. Ricordo che mi guardai perfino allo specchio immaginando di avere in mano la statuetta! Stavo praticamente visualizzando di trovarmi nella sera della premiazione.

Dopo pochi giorni, la nave si fermò in un'isola greca. Fino ad allora non avevo avuto la possibilità di guardare le mail. Così scesi al porto e trovai una linea Wi-Fi. Nel momento in cui aprii le mail, mi arrivò il seguente messaggio: "Caro Luca Volpe, la commissione dell'I.M.S. International Magician Society, dopo una lunga riunione, ha deciso di conferirle il premio Merlin Award in qualità di "Mentalista Dell'Anno"!

Non puoi immaginare come mi sono sentito: ero scioccato, emozionato e, nello stesso tempo, credevo che stessi ancora immaginando!

In quel momento avevo sentito le stesse identiche emozioni che avevo percepito durante la mia visualizzazione! Poi, dopo alcune settimane, il presidente dell'I.M.S. venne in Italia (Roma) e realizzammo un evento in occasione della premiazione. La cosa incredibile è che, quando mi fu consegnata la statuetta, ebbi la sensazione di averla già tenuta in mano!

E questa è solo una delle varie esperienze che ho vissuto utilizzando questa tecnica. Il segreto è trattare i tuoi pensieri come se fossero reali. Devi in qualche modo trasportare te stesso in "quella situazione": sarai sorpreso di come la tua vita cambierà!

Ricorda che oltre a procedere nella visualizzazione devi essere motivato e attivarti nel raggiungere quell'obiettivo specifico.

Oltre al pensiero devi metterci tanta "azione": credimi, tutto sarà più semplice, in quanto sarai proiettato alle splendide sensazioni che proverai nel momento in cui realizzerai il tuo desiderio.

Inizia da ora e vedrai la differenza!

IL SESTO SENSO

Quante volte ti è capitato di fare delle scelte, che poi sono andate a buon fine, grazie alla tua intuizione?

In realtà quello che hai fatto è stato ascoltare il tuo "sesto senso" che, parlando con la tua mente conscia, ti ha fatto prendere una determinata decisione.

Ma è possibile essere in grado di controllare la nostra intuizione? Ti do una buona notizia: è possibile grazie a degli esercizi pratici che ti aiuteranno a "sentire te stesso" ed entrare in contatto con la tua parte inconscia. So che questo discorso ti sembrerà un po' "esoterico", ma credimi, se seguirai questi piccoli esercizi, avrai la possibilità di "allenare" la tua intuizione e di utilizzarla volontariamente nella vita di tutti i giorni per capire meglio te stesso e ciò che vuoi veramente dalla vita.

Sono convinto che entrando in uno stato mentale "universale" e riuscendo a rimuovere i nostri limiti, che spesso ci bloccano nel raggiungere in nostri obiettivi, siamo in grado di realizzare ogni nostro desiderio. Per fare questo, però, c'è bisogno di esercitare il nostro sesto senso attraverso degli esercizi molto semplici.

L'esercizio che ti illustrerò necessita di un attrezzo di cui tutti abbiamo sentito parlare: il Pendolino. Si tratta di un peso (può anche essere un anello) legato a una cordicella di circa 15 cm (ma puoi trovarne diversi cercando in internet o in negozi new-age). L'estremità della cordicella va tenuta tra il pollice e l'indice della mano destra ed il gomito va poggiato sul tavolo in modo che il pendolino oscilli liberamente e senza nessuno sforzo da parte tua.

La prima cosa che dovrai fare è "settare" il pendolino, in modo da capire quale movimento rappresenti il "SÌ" e quale il "NO". Rilassati e tieni il pendolino in posizione.

Fai una domanda della quale già sai la risposta, per esempio: "IL MIO NOME È (inserite il tuo nome)?". Ora guarda l'oscillazione del pendolo (avanti/indietro o senso rotatorio): questa rappresenterà il "SÌ". Ora fai una domanda che ha sicuramente risposta negativa, ad esempio: "HO UN ELEFANTE IN GIARDINO?" (se hai davvero un elefante in giardino, cambia domanda!). Ora guarda l'oscillazione del pendolo (normalmente il "NO" è rappresentato dal senso rotatorio): questa rappresenterà il "NO".

Ora che hai settato il pendolino, rilassati e concentrati su una domanda importante per il tuo futuro (evita domande del tipo: "Vincerò alla lotteria?") e aspetta la risposta del pendolino. Se è "SÌ", bene! Complimenti, sei nello stato d'animo giusto per percorrere la strada che ti porterà alla realizzazione del tuo desiderio.

Se la risposta è "NO" vuol dire che inconsciamente non sei sicuro di te stesso e quindi non ancora pronto nell'affrontare quella situazione. Grazie a questo esercizio, avrai la possibilità di "parlare con te stesso" e, quindi, avere delle risposte sincere dal subconscio che saranno rappresentate visivamente dall'oscillazione del pendolino.

Questo esercizio, oltretutto, ti aiuterà anche a modificare quelli che sono i "pensieri auto-limitanti" e quindi a modificarli in modo positivo.

Un altro esercizio che puoi fare per sviluppare il tuo sesto senso è scrivere sul retro di un cartoncino bianco una parola che rappresenti il tuo sogno. Mescola a faccia in giù questo bigliettino con altri quattro della stessa grandezza e disponili sul tavolo uno accanto all'altro. Ora muovi il pendolino su ognuno di essi e prova a "sentire" qual è quello giusto.

Non preoccuparti se fallirai le prime volte, vedrai che con il tempo riuscirai ad affinare il tuo sesto senso!

Il pendolino, in realtà, non è che la rappresentazione visiva del subconscio, pensa che anticamente veniva usato dalle donne incinte per sapere il sesso del nascituro. In realtà, una madre inconsciamente conosce già il sesso del figlio ed è proprio grazie ad una rappresentazione visiva che riesce ad avere la risposta. Anche il famoso Uri Geller usava il pendolino per trovare giacimenti di petrolio, muovendolo su di una mappa! Sì capisco, forse alcune cose sono un po' "borderline", ma ti garantisco che, se preso nella giusta "misura" e "credenza", il pendolino ti porterà dei benefici, in quanto è anche un buon esercizio per agevolare la connessione mente-corpo.

Prova e fammi sapere!

"Cerco sempre di fare ciò che non sono capace di fare, per imparare come farlo"

Pablo Picasso

OTTIENI RISULTATI

Lavori come un pazzo, ma non riesci ad ottenere i risultati che cerchi? Ecco alcuni consigli che possono aiutarti.

1. Non concentrarti sulla quantità, ma sulla qualità del lavoro. Scegli due delle cose più importanti da fare durante la giornata e concentrati su quelle.

3. Prima di andare al lavoro, cerca di visualizzare la tua giornata nel modo in cui tu vuoi che vada.

4. Lavora a intervalli di novanta minuti. Alcune ricerche hanno stabilito che fermarsi per alcuni minuti dopo un'ora e mezza di lavoro mantiene stabile la concentrazione e la produttività.

5. Evita di fare il "multitasking". Se fai cento cose tutte insieme non otterrai alcun risultato. Determinati compiti delegali ad altri, piuttosto.

6. Cerca di mantenere un'attitudine positiva. Lo so, non è sempre facile, ma se ci riesci posso garantirti che tutte le persone intorno a te riusciranno a percepirlo. Questo non solo aiuterà te stesso, ma anche tutto il resto del tuo team.

7. Metti in ordine la tua scrivania! Se sei disordinato e hai mille cose davanti, questo ti farà distrarre dal tuo lavoro. Essere ordinati non solo ci fa distrarre di meno, ma ci dona anche quel senso di quiete che è fondamentale per la nostra concentrazione.

LA MEMORIA

Ecco alcuni consigli su come migliorare la tua memoria:

1. Per ricordare determinati avvenimenti in corretto ordine, usa le immagini. Se, per esempio, hai difficoltà nel ricordare in modo dettagliato un fatto, "frammentalo" in immagini diverse, magari creando una storia buffa che le collega, e vedrai che non lo dimenticherai.

2. Se hai difficoltà nel ricordare lunghe sequenze di numeri, abbina ognuno di essi a qualcosa di personale, per esempio: le prime due cifre all'età di un tuo amico, le altre due al numero civico di qualcuno che conosci, e cosi via.

3. Mantieni allenato il cervello, magari attraverso dei rompicapi divertenti e, perché no, anche con l'apprendimento di nuove conoscenze che stimoleranno la tua mente.

L'acquisizione di nuove informazioni, infatti, aiuta a tenere il cervello attivo.

4. Lavora sulla tua capacità di osservazione: quante volte ti sarà capitato di dimenticare un nome? Sappi che questo è successo perché non hai osservato attentamente quella persona. Creare un'immagine mentale ti aiuterà ad abbinare un nome ad una persona specifica.

5. Fai esercizio fisico. È molto importante allenarsi, infatti le cellule nervose durante l'attività fisica rilasciano dei fattori neurotrofici che innescano altri elementi chimici che mantengono in salute il cervello.

6. Per finire, segui una dieta bilanciata contenente alimenti ricchi di antiossidanti e cerca di dormire bene. Il cervello, infatti, organizza le informazioni nell'area dedicata alla memoria a lungo termine proprio durante il sonno.

Se rimani sveglio, questo processo non avverrà e quindi avrai problemi nel memorizzare le informazioni.

Ecco un esercizio divertente con il quale potrai stupire i tuoi amici.

Prepara venti bigliettini bianchi e disegna su ognuno qualcosa di semplice, come ad esempio: **una casa, un fiore, un paio di forbici, una fiamma, un'auto, una barca, un cuore, un teschio, uno smile, il sole, un ombrello, una bottiglia, un bicchiere, un cane, una penna, un orologio, un albero, una stella, un aereo, la luna.**

Chiedi a un tuo amico di mescolare i bigliettini. Una volta terminato, prendi i bigliettini e scorrili fra le tue mani, faccia in alto, due alla volta (cercando di non farlo notare) ed ogni volta che lo fai, cerca di abbinare per ogni coppia di disegni una piccola storia buffa.

Per esempio, se la prima coppia di carte è: "Fiamma/Bicchiere", potresti immaginare del fuoco che esce dal bicchiere. Se la coppia successiva è: "Cane/Aereo", potresti immaginare un cane volante! E così via. Vedrai che con il tempo questo processo sarà sempre più veloce.

Adesso il tuo cervello ha memorizzato una sequenza di storie buffe. Ora chiedi al tuo amico di scegliere uno dei bigliettini, di guardare il disegno che ha scelto, ma di non mostrartelo. A questo punto stendi a nastro sul tavolo i diciannove bigliettini e guarda velocemente la sequenza di immagini. Capirai subito qual è la carta mancante, perché una delle storie buffe sarà interrotta! Quindi rivela la carta scelta, dimostrando una memoria prodigiosa!

Col tempo vedrai che potrai aggiungere più carte al mazzo, aumentando la difficoltà dell'esperimento!

Buon divertimento!

**"Soltanto una cosa rende impossibile
un sogno: la paura di fallire"**

Paolo Coelho

DIVENTA UN LIMITLESS

Avrai sicuramente visto il film "Limitless", dove il protagonista prende una pillola che lo trasforma immediatamente in un super uomo con abilità mentali straordinarie.

Nel film il personaggio diventa subito un grande comunicatore, un artista, un business man e, ovviamente, ciò lo rende ricco.

Sai, nella vita reale si può essere "limitless" senza bisogno di prendere una pillola magica, perché si tratta di assumere un determinato stato mentale. Se entriamo nell'ordine di idee di voler acquisire determinate nozioni utili a realizzare i nostri obiettivi, ti garantisco che non c'è pillola che tenga!

Le nozioni di cui parlo sono le seguenti:

1. Capacità comunicative. Uno dei fattori principali del successo consiste nella facoltà di comunicare un messaggio in modo appropriato.

2. Abilità nell'influenzare le scelte delle persone.

3. Una buona memoria allenata (di cui abbiamo già parlato in questo libro).

4. Sviluppo delle abilità cognitive (calcolo, scrittura, ecc..).

5. Pensiero positivo.

6. Acquisizione di una nuova abilità (questo non significa che devi imparare a suonare il pianoforte, per esempio. È sufficiente cimentarsi in qualcosa di nuovo e stimolante).

7. Una dieta adeguata.

8. Essere "smart" e vestire in un determinato modo.

Questi sono gli otto ingredienti principali che ti permetteranno di creare quel carisma ti farà diventare una persona di successo e senza limiti!

Vediamoli nel dettaglio.

Capacità comunicative

Uno dei fattori principali del successo è la facoltà di comunicare un messaggio in modo appropriato. Ma… cosa bisogna fare per migliorare le capacità comunicative?

1. Fai attenzione al tuo linguaggio del corpo. Noi in realtà comunichiamo anche senza dire una parola. Ci sono tante piccole cose che bisogna considerare. Per esempio, ad un meeting, nel caso in cui stessi ascoltando delle persone che ti stanno proponendo delle idee, la cosa migliore che tu possa fare è mantenere un atteggiamento aperto.

Non incrociare le braccia, in modo che queste possano rilassarsi. Sono convinto che ti sarà capitato di parlare con qualcuno che mostrava un atteggiamento di chiusura nei tuoi confronti. Prova a ricordare che cosa hai provato in queste occasioni e tienilo ben presente per capire che cosa tu NON vuoi comunicare agli altri. Nel caso in cui, invece, tu volessi presentare una tua idea agli altri, una tecnica molto utile è quella del "Power Pose". Ti consiglio di guardare i discorsi dei presidenti degli Stati Uniti oppure i diversi documentari riferiti a personaggi importanti (come ad esempio Steve Jobs), per vedere come essi assumano questa "Power Pose" per comunicare con chiarezza e autorevolezza le loro idee alle persone che hanno di fronte.

2. Per persuadere la persona che hai di fronte, fai discorsi più diretti, coincisi e senza giochi di parole. Evita i vari "umm" tra una frase e l'altra. Piuttosto, prenditi le dovute pause con un movimento delle mani: la cosa importante è che tu sia certo del messaggio che intendi comunicare.

3. Cerca di strutturare la tua narrativa in modo che crei interesse. Magari includi delle storie di vita per rappresentare al meglio la tua idea: vedrai che questo non solo renderà più semplice il concetto per chi ti ascolta, ma ti farà anche connettere con le persone in modo più diretto e rilassato.

4. Non utilizzare mai il telefono se stai dialogando con un'altra persona.

Oltre che essere segno di maleducazione, questo atteggiamento invia un messaggio negativo alla persona che hai di fronte.

5. Prepara i tuoi discorsi in base a chi avrai di fronte. Se hai in programma un colloquio con dei direttori d'azienda, userai un certo tipo di tecnica narrativa, altrimenti, se ad esempio devi fare una semplice riunione fra colleghi, avrai un approccio più "leggero".

6. Crea empatia. Comunicare è una strada a due vie. Quando comunichi non devi soltanto esprimere le tue conoscenze, ma devi anche cercare di sentire quello che prova la persona che è di fronte a te.

Creare empatia ti farà capire quali sono i bisogni dei tuoi interlocutori, ti permetterà di motivarle e di entrare in contatto con le loro sensazioni.

7. Per concludere: impara ad ascoltare! Ascoltare il tuo interlocutore senza interromperlo non solo è segno di educazione, ma è un atteggiamento che farà capire alla persona che ti sta parlando che i suoi discorsi per te sono interessanti. Questo lo porterà a una maggiore apertura nei tuoi confronti.

Abilità nell'influenzare le scelte delle persone e capirne il linguaggio del corpo

La comunicazione è una sorta di "dare e avere": fatta nel modo giusto è sicuramente la capacità più importante per diventare una persona di successo, infatti puoi ottenere qualunque cosa, se sai come chiederla.

Per sviluppare questa capacità, devi disporre nel tuo arsenale da "Limitless" di alcune conoscenze fondamentali, tra cui:

1. La programmazione neuro linguistica. Per ovvi motivi non posso farti l'elenco di tutte le tecniche che questa disciplina racchiude, ma esistono diversi libri sull'argomento. Non devi conoscerne ogni aspetto, ma una buona conoscenza delle sue basi ti permetterà di:

-presentare al meglio te stesso e i tuoi prodotti/servizi.

-interpretare in maniera efficace i desideri del tuo interlocutore, entrando in sintonia con lui.

-apprendere e adottare una comunicazione persuasiva.

2. I comandi nascosti. Esistono tecniche di conversazione che influenzano inconsciamente il tuo interlocutore nel prendere una determinata scelta. Quello che farai non è chiedergli esplicitamente di fare una cosa, ma gli mostrerai come sarebbe positivo per la sua vita se lui facesse quella determinata cosa. Per esempio, se tu volessi vendere un cappello, non dirai mai: "Compra questo cappello", ma piuttosto dirai: "Immagina come staresti bene se indossassi questo cappello".

Il segreto è creare nell'interlocutore un dialogo interno sulla decisione da prendere. Se sei troppo diretto, avrai una risposta diretta (il più delle volte negativa), ma se crei curiosità e, soprattutto, esponi PRIMA i benefici che quel prodotto ha portato ad altre persone, avrai molte più possibilità di vendere la tua idea.

3. Costruisci un rapporto. Per fare in modo di influenzare la scelta della persona che hai davanti a te, devi costruire un rapporto, in modo che questa si fidi. Ci sono tecniche, come il "mirroring", per esempio, che ti permettono di entrare in sintonia con le persone. Questa tecnica in particolare consiste nel "copiare" (non in modo eclatante) la postura del tuo interlocutore.

Emulando le sue azioni, infatti, è possibile stabilire un contatto più intenso. Puoi "rispecchiare" anche il tono di voce di questa persona, o il suo modo di parlare.

<u>Una buona memoria allenata</u>

Ne abbiamo già parlato in un'altra sezione di questo libro. Sicuramente è un argomento da tener presente, se vuoi diventare un "Limitless"!

Sviluppo delle abilità cognitive (calcolo, scrittura, ecc.)

1. Il sonno è fondamentale. Chi ha difficoltà a dormire, con l'invecchiamento va incontro più facilmente a disturbi cognitivi. Quindi è bene cercare di dormire almeno per otto ore ogni notte. In caso di difficoltà occorre rivolgersi a uno specialista: l'unica cosa che ti vorrei consigliare è di evitare farmaci "fai da te" poiché rischieresti di peggiorare le tue facoltà cognitive. Ci sono molte tisane sul mercato che contengono estratti di piante rilassanti come la valeriana, la melissa e altre ancora, che aiutano a rilassare corpo e mente in modo naturale.

2. Fai delle attività utili per il tuo cervello.

Così come il nostro corpo ha muscoli diversi, da potenziare con allenamenti differenti, anche il cervello ha varie capacità da esercitare come la memoria, l'attenzione, la concentrazione, e così via. Una cosa utile sarebbe quella di imparare a suonare uno strumento musicale, infatti è cosa ormai nota: studiare musica porta il cervello a lavorare su diverse risorse, come quelle motorie e quelle emotive.

3. Aggiungi schemi cognitivi. Per esempio, se impari a usare un nuovo software, la tua mente comincerà a costruire nuovi schemi mentali che andranno a sviluppare le tue attività cognitive. Questo farà sì che la tua mente cominci anche a pensare in modo diverso e creativo.

Vorrei terminare con un punto che ho già accennato: la meditazione. Meditare per quindici o venti minuti al giorno mantiene alte l'attenzione e la concentrazione, aiutando il cervello ad ottimizzare le proprie prestazioni.

Il pensiero positivo

Ecco alcuni step che ti consentiranno di pensare in modo positivo.

Step 1: Trasforma i pensieri negativi. Per pensare positivo bisogna prima trasformare ciò che appare negativo in qualcosa da poter risolvere. Se, per esempio, stai pensando: "Quella cosa non sono riuscito a farla, non faceva per me...", dovrai sostituire quella frase con: "La prossima volta mi riuscirà meglio."

Step 2: Focalizza i tuoi obiettivi. L'errore più comune è quello di disperdere i propri pensieri su più cose, senza concentrare l'attenzione sul risultato finale.

Quindi, se hai un progetto da realizzare, focalizza il tuo pensiero solo su quello e non farti distrarre da altre problematiche.

Step 3: Sbagliare fa bene! Ogni errore non dovrebbe demoralizzarci, ma piuttosto farci capire dove possiamo migliorare e, quindi, correggere il nostro comportamento nei confronti delle situazioni che ci ritroveremo ad affrontare nella vita.

Step 4: Non credere a tutto quello che pensi. Alcune volte i problemi ci sembrano più grandi di quanto non siano nella realtà: se scegli di credere a ogni pensiero negativo che ti viene in mente, non farai che trovarti nei guai. Quando ti vengono in mente dei pensieri negativi, analizzali e cerca di capire come risolverli.

Step 5: L'ultimo step è quello più importante, infatti ti consentirà di entrare in uno stato mentale che ti aiuterà ad affrontare le difficoltà di tutti i giorni. Mi riferisco alla GRATITUDINE. Sii grato per ogni cosa che ti capita (bella o brutta che sia) e per tutte le persone che incontri sul tuo cammino; questo allenamento mentale riuscirà a sollevarti dallo stress quando dovrai affrontare problemi inaspettati.

Un vero LIMITLESS deve sempre pensare di essere una persona vincente, anche se sta ancora percorrendo la strada per raggiungere il successo. Il cambiamento avviene nel momento in cui parli con te stesso e ti chiedi che cosa vuoi veramente, quali sono i tuoi obiettivi. Più modifichi il tuo pensiero verso la positività, più grande sarà la possibilità di raggiungere i tuoi traguardi.

Devi anche esercitarti ad ascoltare te stesso e a comprendere il modo in cui esprimi i tuoi pensieri. Lo fai in modo positivo o negativo? Per esempio, io in una giornata di pioggia, invece di dire: "Mamma mia, che schifo di giornata", cerco il lato positivo della situazione: non poter uscire mi dà l'opportunità di dedicarmi ai miei progetti, senza distrazioni e con più produttività.

I "Limitless" non utilizzano MAI parole negative. Invece di dire: "Non riuscirò mai a raggiungere quel traguardo", dovrai sempre dire: "Farò di tutto per raggiungere il mio obiettivo!"

Questi pensieri dovrai applicarli in ogni aspetto della tua vita. Dalla sfera affettiva a quella lavorativa, e via dicendo.

Le affermazioni positive sono fondamentali per far scattare quella forza che ti darà la spinta a fare di meglio nella vita.

Ricorda, se cominci a pensare positivo oggi, influenzerai positivamente il tuo domani.

L'importanza di una dieta sana

Questo argomento non riguarda solo chi vuole diventare un "Limitless", ma anche tutti coloro che decidono di vivere meglio praticando una dieta equilibrata.

Avevo accennato al fatto che avere una dieta adeguata è molto importante, non solo per il nostro fisico, ma anche per la nostra mente. Ora, io non sono un medico e le indicazioni che ti darò probabilmente non sono valide per tutti, ma ho chiesto informazioni ad alcuni esperti che mi hanno dato importanti consigli su quali potrebbero essere gli alimenti più utili al nostro cervello.

1. Tutto ciò che è di natura cereale ha sicuramente un impatto energetico "buono" nel nostro organismo e ci fa essere anche molto più svegli mentalmente.

2. Gli Omega 3 (io ogni tanto ne faccio uso) sono molto validi non solo per le ossa e i muscoli, ma anche per la memoria e per la prevenzione di malattie degenerative a livello cerebrale.

3. I mirtilli e tutta la frutta rosso scuro o viola sono ottimi per rinforzare la memoria a breve termine. I pomodori, invece, contengono antiossidanti che aiutano a proteggere le cellule del nostro organismo.

Vorrei aprire una breve parentesi sui vari integratori di vitamine sul mercato. Capisco che ci sono persone che ne hanno necessità, ma se sei in salute, ti consiglio di assimilare le vitamine da ciò che mangi.

Il nostro corpo sa come e quante assorbirne, quindi dargli un overflow di vitamine potrebbe essere dannoso. Mi raccomando, ci vuole moderazione!

Un alimento molto interessante sono i semi di girasole. Onestamente ne faccio molto uso, soprattutto nelle insalate. Sono ricchi di zinco, un minerale che aiuta non solo lo sviluppo della memoria, ma anche della velocità di apprendimento.

Anche le noci e le verdure, come i broccoli e il cavolo nero, sono ricchi di sostanze che favoriscono una buona nutrizione mentale.

Insomma, per essere un "Limitless" bisogna anche mangiar bene e lo sappiamo tutti: noi siamo quello che mangiamo!

Vestirsi per il successo

Per concludere l'argomento "Limitless", ti parlerò dell'importanza del vestire in un determinato modo.

Si dice che l'abito non faccia il monaco, ma non è proprio così. Come saprai, ognuno nel proprio settore, oltre a saper padroneggiare le proprie competenze, necessita di un look che rispecchi esattamente ciò che proporrà alle persone.

La prima impressione è quella che conta. Personalmente, da uomo di spettacolo, ti garantisco che questa è la verità. Il pubblico ti giudica sin dall'inizio, non appena sali sul palcoscenico e inizi a parlare. La stessa regola vale anche nella vita quotidiana.Vestirsi bene non solo ti pone in modo positivo davanti gli altri, ma ti conferisce anche quel senso di autorevolezza che ti aiuterà a trasmettere molto più facilmente le tue idee.

Con "vestirsi bene" non intendo che devi spendere 2.000 euro per un vestito: esistono migliaia di negozi che vendono abiti molto eleganti a prezzi accessibilissimi.

L'eleganza aumenta il carisma, ti aiuta a conquistare la persona che hai di fronte (però ricorda che un bel vestito deve sempre essere accompagnato dal bon ton!).

Ricorda di essere sempre sbarbato e pulito. Se hai il pizzetto come me, tienilo curato. Usa un profumo fresco e non troppo forte (ho incontrato business man "emergenti" che si facevano la doccia con il profumo!), altrimenti otterrai l'effetto indesiderato di infastidire l'olfatto altrui.

Cura gli accessori! Le persone di successo si notano soprattutto dall'orologio e dalla penna che usano.

Fai caso a ciò: molti business man hanno sempre la loro Montblanc nel taschino e un Rolex al polso... come prima, non ti sto dicendo che devi spendere 20.000 euro per un orologio, ma una cosa carina e importante fa il suo effetto.

È bene ricordare è che la tua immagine è parte del tuo brand; rappresenti ciò che vuoi vendere. Gli inglesi dicono: "Dress to Impress!"

È fondamentale rispecchiare la propria eleganza anche quando si è vestiti casual. Mi riferisco al modo in cui ti comporti, al tuo charme, che deve essere inconfondibile.

Se hai modo di guardare di nuovo il film "Limitless", vedrai che il protagonista è sempre impeccabile, anche quando incontra persone in situazioni informali.

Quello che ti consiglio di fare è analizzare e studiare il modo di fare di altre persone di successo; questo magari ti ispirerà nel costruire il tuo life style.

La tua immagine suggerirà agli altri il modo in cui si porranno nei tuoi confronti, non dimenticarlo mai!

"Ti criticheranno sempre, parleranno male di te e sarà difficile che incontri qualcuno al quale tu possa piacere così come sei! Quindi vivi, fai quello che ti dice il cuore, la vita è come un'opera di teatro, ma non ha prove iniziali: canta,balla, ridi e vivi intensamente ogni giorno della tua vita prima che l'opera finisca priva di applausi"

Charlie Chaplin

SIAMO TROPPO LEGATI ALLE COSE MATERIALI!

Abbiamo dimenticato la bellezza e la purezza di vivere in modo semplice. Possediamo tante cose, siamo bombardati da tentazioni, da desideri e da scelte che molte volte non sono neanche dettate dalla nostra volontà.

Tutti questi eccessi non fanno altro che imprigionare la nostra anima, rendendoci schiavi delle cose materiali e facendoci dimenticare che noi, il nostro corpo, la nostra mente, siamo le "cose" più importanti. Il punto è che noi non possediamo cose, ma siamo posseduti dalle cose.

Immagina come sarebbero le cose se cominciassimo a liberarci da tutti quegli oggetti e cianfrusaglie che non ci servono, ma ci fanno stressare perché non sappiamo dove metterle!

Il problema di base è che abbiamo paura di distaccarci da essi e non ne capiamo la ragione. Magari abbiamo un vestito chiuso da anni nell'armadio e che non indossiamo mai, ma ogni volta che lo vediamo pensiamo: "Magari questo lo indosso per quella serata, per quell'evento", ma in realtà rimane sempre lì, a occupare spazio prezioso nel nostro armadio!

È il momento di essere coraggiosi: butta via tutto! Okay, non proprio tutto, ma almeno le cose che non sono più necessarie. Dovremmo imparare a seguire la pratica cinese del Feng Shui, ossia il principio che noi siamo influenzati dalle cose che ci circondano e che, quindi, influiscono sul nostro stato mentale e fisico. In questa disciplina una casa ben ordinata e minimale consente alla persona di entrare in contatto con se stessa e ad apprezzare le bellezze della vita.

La cosa più preziosa che abbiamo è noi stessi, la vita, la possibilità di svegliarci ogni mattina e vivere un altro giorno. Solo questo dovrebbe essere sufficiente a renderci felici, e non l'acquisto di un orologio da 20.000 euro!

Se impari ad amare te stesso più delle cose che ti circondano, ti garantisco che non solo ti libererai da moltissime fonti di stress, ma anche la tua salute fisica e mentale ne trarrà grandi benefici.

Vorrei chiudere questo argomento con una massima di Yoshida Kenko, che dice: *"Un giorno di vita è molto più prezioso di 10.000 lingotti d'oro. Gente che odia la morte, dovrebbe amare la vita..."*

IL SEGRETO DELLA FELICITÀ

In realtà potremmo essere tutti felici, se solo cominciassimo ad apprezzare quello che abbiamo. Molte volte diamo per scontato tutto, ma in realtà dovremmo essere grati anche delle piccole cose, dell'acqua che beviamo, del fatto che ci svegliamo per vivere un altro giorno! Quante volte ti sarà capitato di arrabbiarti per cose stupide... ebbene questo non fa altro che portare stress fisico e mentale, e nuoce alla salute.

Quali sono gli esercizi pratici che potremmo fare per entrare in uno stato mentale che ci avvicini alla felicità?

Eccone alcuni:

1. Scrivi tutte le cose che ti rendono felici, di cui sei grato. Per esempio, la tua famiglia, la tua fidanzata, l'auto appena comprata, ecc. Scrivi tutto!

Poi scrivi tutto quello che ti rende
infelice e sarai sorpreso di quanto la
lista di cose che ti rendono felice sia
molto più lunga dell'altra!

2. Concentrati nel raggiungere un
obiettivo che ti renda felice. Se, per
esempio, vuoi diventare un grande
tennista, invece di pensare ai sacrifici
che questo comporterà (per esempio gli
allenamenti costanti e altri fattori che
potrebbero presentarsi), pensa a quanto
sarai felice una volta raggiunto
l'obiettivo.

3. Definisci cosa è per te il successo
nella vita. Molti pensano: "Come sarei
felice se vincessi 60 milioni di euro."
Onestamente, se come obiettivo utile a
raggiungere la felicità pensi solo a
questo, allora non sarai mai felice (a
meno che tu non abbia il c...o di vincere
davvero!). Modella la definizione di
felicità su qualcosa di tangibile. Anche
qualcosa di piccolo.

Vedrai che il fatto di aver realizzato tante piccole cose ti farà sentire più soddisfatto e felice.

Per concludere, per me il vero segreto della felicità consiste nel vivere la vita appieno, nei momenti belli e in quelli meno belli, pensando a non farci scappare le opportunità.

"Il fallimento non avrà mai il sopravvento su di me se la mia determinazione ad avere successo è abbastanza forte"

Og Mandino

ROMPI GLI SCHEMI

Siamo abituati a vivere facendo sempre le stesse cose. Ci alziamo a quel determinato orario, andiamo al lavoro, incontriamo le solite persone... che palle! Mi rendo conto che alcune cose bisogna farle comunque, ma dobbiamo fare in modo che la routine diventi solo una parte della nostra vita e NON la nostra vita.

Per far sì che la routine non diventi la tua vita, devi trovare delle passioni da seguire, qualcosa che ti renda felice e che, nello stesso tempo, ti dia la possibilità di creare nuove opportunità. Conosco persone che di giorno svolgono un lavoro normale e di sera si dedicano alla loro attività online, guadagnando comodamente da casa. Pensa che alcuni dei miei amici si sono addirittura licenziati perché il loro nuovo business digitale li faceva guadagnare di più!

Quello che voglio farti capire è che quando hai la passione, quando senti quel fuoco che ti spinge a provare qualcosa di diverso, ti si apre un mondo. Riesci a vedere la vita da una prospettiva completamente nuova. Il segreto consiste nell'essere spontanei ogni giorno, perché solo in questo modo si può trovare l'energia che fa uscire dagli schemi.

Purtroppo non posso dirti io quale passione devi seguire. Fai qualsiasi cosa senti di voler fare, ma l'importante è che tu decida di farlo! Trova il tempo nella tua giornata per dedicarti alla tua passione, condividila con altre persone. Vedrai, con il tempo, che quella vita che ti sembrava così pesante comincerà ad essere più lieta e che la routine che prima dominava la tua esistenza sarà solo una singola parte della tua giornata!

INIZIA ALLA GRANDE

Cosa hanno in comune grandi personaggi come Barack Obama, Steve Jobs, Bill Gates e tanti altri?

Tutti loro hanno un rituale mattutino che li prepara ad affrontare la giornata in modo vincente.

Personalmente, mi sveglio almeno un'ora e mezza prima di iniziare la mia giornata di lavoro. Nei giorni in cui devo svegliarmi particolarmente presto, mi sveglio ancora prima, in modo da non mancare il mio appuntamento quotidiano. Preparo una tisana, dopodiché dedico mezzora allo yoga e, subito dopo, un quarto d'ora alla meditazione. Non hai idea della differenza che fa nella mia giornata questo rituale mattutino.

Sai perché ti dico questo? Perché iniziare la giornata con uno stato mentale rilassato ti renderà molto più produttivo e ti darà tanta energia.

Ti assicuro che è molto meglio di svegliarsi giusto in tempo per prepararsi, prendere un caffè al volo e uscire di casa già con la preoccupazione del traffico e delle incombenze lavorative della giornata.

Ora voglio rivelarti qual è il rituale mattutino di un grande personaggio, in modo che tu possa avere un'idea di ciò che potresti fare: Tony Robbins.

Lui, non appena si sveglia, fa un bagno nell'acqua fredda! Sinceramente io non lo farei mai, ma lui dice che non c'è niente di meglio che un cambio di temperatura del corpo per cominciare la giornata (contento lui!), ma la parte interessante arriva dopo. Infatti, dopo questa immersione nell'acqua gelida, lui fa il cosiddetto "Priming", ossia una sequenza di tre esercizi che, oltre a rilassare la mente, prepara psicologicamente alla giornata da affrontare.

1. Innanzitutto parte col pranayama, che consiste nell'inspirare profondamente per poi far uscire l'aria spingendola con la compressione dell'addome, in rapide successioni. Se questo per te fosse complicato, puoi semplicemente chiudere gli occhi e fare tre respiri profondi.

2. Una volta fatto questo, esprime gratitudine per tutto ciò che ha, cosa che non dovremmo mai dimenticarci di fare. Ogni giorno in più di vita è un dono importante, quindi non bisogna sprecarlo.

3. In conclusione fa degli esercizi di visualizzazione positiva, dove appunto immagina come potrebbe essere la sua giornata se si svolgesse nel migliore dei modi.

Credo che queste tre azioni siano molto importanti, infatti la prima attività rilassa il corpo, la seconda instilla l'armonia nel cuore e la terza dà la carica motivazionale che serve a vivere pienamente la giornata.

Ascoltami, te lo dice un mentalista, prova a creare il tuo rituale mattutino: inizia da domani e ti assicuro che affronterai la tua giornata al meglio!

"Sii sempre come il mare, che infrangendosi contro gli scogli, trova sempre la forza di riprovarci"

Jim Morrison

GOAL

"Goal" è una parola importante, e non mi riferisco a quella che tutti urliamo quando la nostra squadra del cuore fa entrare la palla nella porta avversaria e ottiene un punto, ma al suo vero significato, che è "obiettivo"!

Tu che obiettivo hai? Sei veramente felice di quello che stai facendo o i tuoi reali propositi di vita sono diversi? Se la tua risposta è la seconda, significa che ti stai accontentando e che, quindi, non ti stai impegnando abbastanza nel raggiungere i tuoi veri obiettivi.

Non dirmi che "non hai tempo", che "è troppo complicato", e così via: questi sono paletti messi da noi stessi, sono stati mentali negativi che bloccano la nostra volontà di migliorarci.

Prendiamo il caso di Steve Jobs: per tutta la vita lui ha avuto una convinzione, un ideale che lo ha portato a creare quello che è poi diventato il colosso informatico Apple. Prima di ottenere il successo, però, ha dovuto superare un sacco di difficoltà. Eppure ci è riuscito perché aveva una visione! Credeva nelle sue capacità e in quello che voleva che il mondo conoscesse.

Questo lo dico per farti capire che tutti noi possiamo realizzare ciò che desideriamo, ma dobbiamo impegnarci finché non si ottengono i risultati auspicati e, fidati, se ti dai da fare i risultati arriveranno di certo!

Ti racconto una cosa personale: io sono diplomato al conservatorio di Napoli in organo, pianoforte e composizione organistica e ti dico la verità: spesso mi capitava di studiare dei brani che, solo a guardarli, stavo male per quanto erano complicati!

Ma poi pensavo: "Okay, il mio obiettivo è superare l'esame (o fare quel concerto... ecc.)" e così mi mettevo lì, una nota alla volta, pianificando e perfezionando il mio metodo di studio fino a che non riuscivo a suonarlo per intero!

Ora, se avessi detto fin dall'inizio: "Questa cosa è impossibile da fare", senza neanche averci provato, non avrei mai saputo che sarei in realtà riuscito a farcela. Ed è proprio questo il punto: non puoi prevedere di non farcela se non ci provi!

Quindi, se hai un obiettivo che sai che ti renderà felice, impegnati fin da ora, organizza il tuo tempo per dedicarlo a ciò che vuoi ottenere e ti assicuro che ci riuscirai!

L'artefice della tua vita sei soltanto tu.

PIANIFICARE GLI OBIETTIVI

Parlando di obiettivi, molti mi chiedono come fare per raggiungerli. In realtà tutti possiamo raggiungere i nostri obiettivi, ma prima bisogna decidere di farlo! Oltre ad assumere questa decisione bisogna seguire alcuni step pratici che renderanno il tuo cammino verso il successo molto più fluido.

Step 1: Identifica l'obiettivo. Se vuoi avere successo, devi descrivere l'obiettivo in modo dettagliato. E non mi riferisco al fatto di dire, per esempio: "Vorrei una bella casa", ma di scrivere su un foglio esattamente come vorresti che fosse la tua casa, nei minimi dettagli.

Step 2: Scrivi i benefici che l'obiettivo ti porterà. Non perdere tempo su cose che alla fine non ti porteranno dove vuoi.

Scrivi quindi quali benefici vuoi che l'obiettivo ti porti, in modo da capire quanto vale la pena muoversi verso la sua realizzazione.

Step 3: Fai la lista degli ostacoli che dovrai superare. Lungo un percorso è normale trovare degli ostacoli, quindi la prima cosa da fare è pensare quali potremmo trovare. Alcuni ostacoli sono imprevedibili, mentre altri sono intuibili, quindi conviene essere psicologicamente preparati ad affrontarli. Fai una lista di tutto ciò che ti aspetti.

Step 4: Fai la lista delle competenze di cui hai bisogno per arrivare all'obiettivo. Avere le giuste competenze e capacità facilita il raggiungimento di un obiettivo. Se, per esempio, il tuo obiettivo è diventare un istruttore di Yoga, dovrai acquisire più conoscenze possibili, in modo da essere il migliore in quel campo.

Se, invece, desideri essere assunto da un'azienda di design, dovrai imparare a usare tutti i software che ti necessitano. Insomma, dovrai essere preparato al massimo delle tue possibilità, se vuoi davvero raggiungere il tuo obiettivo.

Step 5: Fai Team Work. Quando si chiede l'aiuto di qualcuno tutto diventa più facile. Chiedi sempre feedback, consigli, critiche. Se ne hai la possibilità, fatti guidare da persone più esperte di te, che possono darti tutte le dritte possibili su come muoverti lungo il tuo cammino.

Step 6: Fai un piano d'azione. Questo step è fondamentale per la riuscita del tuo obiettivo. Tempo fa un mio cliente aveva deciso di fare un investimento importante in un nuovo progetto lavorativo (si parla di milioni di euro), così mi aveva chiesto una consulenza su come pianificare il tutto.

La prima cosa che abbiamo fatto è stata scrivere nei dettagli tutti gli step utili per procedere nell'investimento: come strutturare l'azienda, quali sarebbero stati i punti di forza dell'attività e via dicendo. Una volta messo tutto per iscritto, si è poi lavorato step su step e, ogni volta che una cosa veniva realizzata, la si spuntava dal piano d'azione. Pianificare in modo dettagliato le azioni da intraprendere è un'azione che ti permetterà di avere il quadro generale di tutto ciò che è necessario per il raggiungimento del tuo obiettivo.

Step 7: Decidi la scadenza entro cui vuoi che si realizzi l'obiettivo. Il vero segreto è darsi una data di scadenza. Questo ti porterà a essere profondamente determinato verso l'obiettivo. Credimi, è davvero importante fissare una data entro la quale l'obiettivo deve essere raggiunto; può anche essere di lungo termine, ma deve esserci.

Ovviamente ci saranno delle difficoltà lungo il percorso, ma questo non deve abbatterti! Concentrati sui benefici che questo sacrificio ti porterà. Penso alle persone che vogliono perdere peso; ho un amico che ha seguito una dieta davvero ferrea, ha fatto molti sacrifici, però mi racconta sempre che in quel periodo lui pensava solo ai benefici che quella dieta gli avrebbe portato, sia a livello di salute, sia a livello di aspetto, il che l'avrebbe reso molto più sicuro di sé: questi pensieri gli hanno dato la forza di perseverare.

Walt Disney diceva: *"If you can dream it, you can achieve it"* (Se puoi sognarlo, puoi farlo). Lui non solo l'ha sognato, ma ha anche lavorato duramente per riuscire a essere quello che poi è diventato.

Quindi, ricorda:
Pensiero-uguale-azione!

"Sono grato a tutte quelle persone che mi hanno detto NO, è grazie a loro se sono quel che sono"

Albert Einstein

TEAM WORK

Parliamo di team work e di quanto sia importante condividere le proprie idee con gli altri!

La prima cosa da fare per avere successo nella vita è circondarsi di persone positive! Mi è capitato, in passato, di collaborare con persone che d'avanti ad ogni ostacolo si demoralizzavano. Questo non solo creava tensioni all'interno del gruppo, ma faceva sì che si scoraggiassero tutti. Quindi evita questo tipo di persone!

La seconda cosa da fare è abolire il concetto di "segreto": più si condivide e più si cresce! Nel mio ambiente spesso ci sono colleghi che proteggono e nascondono idee che, a conti fatti, non sono un granché: se queste idee fossero state centro di discussione di un team di lavoro, avrebbero sicuramente acquistato più valore!

Lavorare in team aiuta ovviamente a risolvere in tempi rapidi i problemi che possono presentarsi, ma non solo: aiuta a sviluppare la creatività, a migliorare la qualità del lavoro (riducendo lo stress) e, soprattutto, aiuta a sviluppare le nostre capacità relazionali con gli altri.

Quando si decide di lavorare in team, è bene assegnare dei ruoli specifici, per evitare complicazioni. Se sei a capo del team, mi raccomando di non massacrare di e-mail o telefonate i tuoi collaboratori, chiedendo quali sono i progressi sul lavoro assegnato: in questo modo non farai altro che creare tensioni enormi, andando ad abbassare la produttività del gruppo.

La regola più importante è dare autonomia e responsabilità a ogni singolo membro del team e, soprattutto, dare un feedback positivo al loro lavoro!

Purtroppo questa è una cosa che spesso viene dimenticata dai team leader, che considerano i loro collaboratori quasi come degli schiavi.

Non c'è cosa più importante di instaurare un rapporto umano con il tuo team di lavoro: un "grazie" accompagnato da un feedback costruttivo farà crescere sia te, sia la tua attività!

PROBLEMI?

Quante volte ci troviamo di fronte a dei problemi che non sappiamo come risolvere... cominciamo a pensare a mille soluzioni ipotetiche, ci guardiamo intorno, ma non ne veniamo a capo: questo accade perché non siamo mentalmente preparati.

Il segreto per risolvere i problemi è schematizzarli. In che modo?

Step 1: Definisci il problema. Molte persone si fanno sopraffare dalle emozioni fino a dimenticarsi del problema stesso. Quindi, poniti delle domande per capire qual è la causa di quanto accaduto, quali azioni potresti intraprendere per risolvere la situazione e, soprattutto, cosa potrai imparare da questa esperienza.

Step 2: Chiedi consiglio alle persone a te più vicine e raccogli idee su come risolvere il problema. Spesso non c'è nulla di meglio di un buon brainstorming, per superare gli ostacoli: grandi aziende hanno risolto problematiche molto importanti grazie al team work.

Step 3: Una volta raccolte le idee, scegli una soluzione e capisci quali conseguenze potrebbe comportare.

Step 4: Implementa la soluzione. Per capire se hai effettivamente risolto il problema, è importante comprendere che cosa ha funzionato e che cosa, invece, si può migliorare.

Ricorda che lavorare in team può sicuramente aumentare la percentuale di risoluzione di un problema; infatti esistono persone molto brave a trovare diversi tipi di soluzioni e altre, invece, più in gamba nel capire quali mettere in pratica.

"Cambia tre abitudini all'anno e otterrai risultati fenomenali"

Anonimo

CI VUOLE CORAGGIO

Ci vuole coraggio per cambiare, per decidere di iniziare una nuova vita (non solo a livello lavorativo).

Ma come si fa a "riprogrammare" la mente in modo che possa portarci a seguire un nuovo percorso?

1. La prima cosa che devi avere è la "volontà" nel procedere al cambiamento, anche se ciò richiedesse uno sforzo psicologico, altrimenti il processo non inizierà mai.

2. Metti nero su bianco ciò che tu vorresti fare, ma che continui a rimandare.

3. Fatti delle domande e datti delle risposte... un po' alla Marzullo! Chiediti: "Perché non ho agito?". Chiediti che cosa ti ha bloccato e, nel farlo, trova le soluzioni per superare questi ostacoli.

4. Scrivi quanto ti costerebbe non avviare questo cambiamento: vedrai che, una volta che avrai una lista di cose poco entusiasmanti davanti, sarai ancor più motivato a iniziare il processo.

5. Scrivi le cose belle che questo cambiamento ti porterà e immagina gli effetti positivi che queste novità avranno sul tuo futuro.

La chiave del cambiamento è semplice: se vuoi realmente affrontare dei cambiamenti, devi rimuovere i pensieri negativi che ti impediscono di farlo.

Ti garantisco che, nel momento in cui avrai di fronte una rappresentazione scritta dei pro e dei contro che quei cambiamenti porteranno, entrerai automaticamente in uno stato mentale che ti consentirà di affrontare serenamente tutte le decisioni. Quindi prendi carta e penna e inizia subito!

STRESS MANAGEMENT

Siamo in un mondo dove tutto ciò che ci circonda può creare stress, dagli impegni di lavoro alle relazioni pubbliche, fino alle situazioni finanziarie di ognuno.

Oggi voglio darti alcuni consigli su come affrontare lo stress.

Innanzitutto respira profondamente, questo ti aiuterà a stabilire una funzione mentale corretta.

Valuta le fonti del tuo stress, parlando magari con te stesso. Sei stressato a causa di una situazione lavorativa o personale? Cosa puoi fare per affrontare queste situazioni con l'obiettivo di ridurre al minimo lo stress? Descrivi quotidianamente i tuoi pensieri. Essere consapevole degli elementi che scatenano le tue tensioni può essere di grande utilità quando cerchi di affrontare lo stress.

Prepara una "strategia anti-stress", anche nelle piccole cose di tutti i giorni. Per esempio, se sai che uscire di casa in un determinato orario ti causa stress per il traffico intenso, organizzati a uscire prima, in modo da evitare questa situazione.

Prenditi del tempo per rilassarti. Anche se hai un'agenda piena di impegni, ritaglia del tempo per te stesso. Se non lo fai, arriverai al punto dove tutto ciò che ti circonda ti porterà stress!

La meditazione è un ottimo modo per rilassare la mente, ed è praticabile in qualsiasi luogo ed in qualsiasi momento.

Prima di andare a dormire, calma la tua mente: prepara una tisana a base di valeriana. Crea uno spazio con una luce tenue e, se puoi, usa dei profumi rilassanti.

Libera la tua mente da quello che è accaduto durante la giornata e non pensare a ciò che devi fare il giorno dopo. Mettiti comodo e addormentati lentamente.

Evita la caffeina e fai molto esercizio fisico. E, ovviamente, cerca di dormire almeno per sette ore a notte!

> "La logica vi porterà da A a B.
> L'immaginazione vi porterà
> ovunque"

Albert Einstein

DIVENTA RICCO!

Nella mia carriera di mentalista mi capita spesso di essere invitato in party privati di grandi business man e personaggi pubblici, così, parlando con loro, spesso gli chiedo come hanno fatto a creare tutto ciò che hanno. La risposta è sempre la stessa: Un mindset adeguato e una costanza continua.

Sì, perché diventare ricchi è possibile, ma bisogna cambiare la nostra percezione del "benestare" adottando delle nuove abitudini mentali che ci porteranno ad una trasformazione del nostro stile di vita.

Ecco alcuni dei consigli che ho raccolto, che se seguirai con attenzione ti faranno cominciare a vedere dei cambiamenti sia a livello finanziario, sia psicologico.

La prima cosa da fare è visualizzare te stesso nel raggiungere un determinato obiettivo e stile di vita.

Bisogna creare il giusto stato mentale che ti consente di credere al 100% in ciò che vuoi ottenere e, per fare questo, dovrai creare un piano d'azione. Molte persone non riescono a raggiungere i loro obiettivi perché non sanno neanche loro cosa vogliono veramente dalla vita.

Quello che ti suggerisco è di organizzare un piano step by step in modo da capire quali elementi ti servono per arrivare al tuo obiettivo (segui gli step spiegati in un'altra sezione di questo libro).

Per esempio, se il tuo goal è quello di guadagnare 100,000 euro in un anno, comincia a scrivere quali sono le azioni che possono consentirti quel guadagno. Sii realistico, non scrivere "vincere alla lotteria!" ma piuttosto studia quali sono le possibilità che puoi creare per arrivare a quel guadagno.

Spingi te stesso a superare le barriere! Noi viviamo in un mondo dove la persona media si "accontenta": tu non vuoi questo! I grandi business man sono diventati grandi perché non si sono mai accontentati! Hanno spinto se stessi a lavorare costantemente al loro sogno e sono riusciti a realizzarlo. Sicuramente non si diventa milionari stando seduti sul divano! Devi muoverti: sogna, pensa, agisci e ottieni!

Un altro punto importante è quello di risparmiare in modo intelligente. Per diventare ricchi bisogna saper amministrare bene ciò che si ha, per poi avere una stabilità finanziaria. Quello che ti consiglio è di tracciare il modo in cui spendi i tuoi soldi. Fallo per trenta giorni, dopodiché analizza le tue abitudini e cerca di capire cosa fare per ridurre o eliminare del tutto quelle pratiche che ti portano a spendere del denaro inutilmente.

Per esempio, se sei un fumatore potresti diminuire o, meglio ancora, eliminare il vizio del fumo. Facendo due calcoli un pacchetto di sigarette costa in media 5 euro; conosco persone che ne fumano uno al giorno, quindi parliamo di circa 150 euro al mese che, moltiplicati per il numero di mesi in un anno fanno 1.800 euro! Beh, con quei soldi avresti potuto fare un investimento, per non parlare di quanto la tua salute ne avrebbe giovato! Se smettessi di fumare per i prossimi venti anni, avresti in tasca ben 36.000 euro in più!

Per diventare ricchi bisogna essere i migliori nel proprio campo o, almeno, essere molto preparati. Impara qualcosa di nuovo, oppure impegnati al massimo nella tua passione in modo da diventarne un esperto. Il fatto di essere padroni ed esperti in ciò che si fa, non solo ci apre porte importanti nel lavoro, ma ci fa acquisire rispetto dagli altri.

Tutte le persone ricche che ho incontrato mi hanno sempre detto che loro non si sono mai impegnati in un unico lavoro, ma che hanno sempre avuto un lavoro extra che gli potesse garantire un introito in più. Il fatto di avere una risorsa in più non solo ti fa guadagnare altri soldi, ma espande la tua conoscenza in aree diverse. Immagina se tu potessi monetizzare il tuo hobby! Per esempio, se la tua passione è fare fotografie, perché non diventare un esperto in fotografia e cominciare a proporre i tuoi lavori? Magari il tuo hobby ti darebbe la possibilità di cominciare a vedere degli incassi importanti e non solo… guadagneresti divertendoti!

Evita di fare "spese pazze" come ad esempio cene super lussuose (alcune volte si mangia meglio in una trattoria!) oppure oggetti molto costosi solo per il gusto di averli, ma senza utilità!

Piuttosto investi in cose che sai potrebbero esserti utili per il tuo lavoro/hobby.

Paga in contanti! Sì, perché spesso è "facile" pagare tutto con la carta e non ci si accorge di quanto si sta spendendo. Con i contanti vedrai che "la carta sparisce" dal portafoglio, e questo ti farà essere più prudente!

Cerca di investire i tuoi risparmi in titoli finanziari oppure in proprietà, questo potrà garantirti una stabilità non indifferente e vedrai i tuoi soldi crescere senza fare nulla! Un ultimo consiglio è quello di frequentare persone di successo!

E sì, perché proprio il fatto di essere accanto a loro ti contagerà in modo positivo e quindi sarai motivato a fare sempre di più.

Per persone di successo non intendo necessariamente quelle super milionarie, ma coloro che hanno il carattere e la determinazione di raggiungere a tutti i costi i loro obiettivi.

PENSARE TROPPO FA MALE!

Se hai i pensieri sempre volti al tuo futuro o a quanto fatto nel passato, non farai altro che stressarti. Le persone che "pensano troppo" entrano spesso in un tunnel senza uscita, fatto di ansia e stress. Sicuramente pensare al proprio futuro è importante, ma bisogna farlo in modo corretto, senza preoccupazioni.

Anche pensare ai propri errori o alle cose non portate a termine come ci si auspicava, ci induce a rimuginare nel passato e a creare un dialogo interno che fa sorgere nuove preoccupazioni e rimorsi inutili... come si dice: qual che è fatto è fatto!

Quante volte ti sarà capitato di dire: "Avrei fatto meglio a rinunciare a questo lavoro, chissà ora come sarebbe la mia vita" oppure: "Invece di dire quelle cose, avrei dovuto riflettere alle conseguenze", e così via.

Questo "troppo pensare" può portare a dei seri problemi, come ad esempio uno stress mentale e fisico che può sfociare in abitudini pericolose: l'abuso di alcool o di altre sostanze nocive alla salute, per esempio.

Per fermare questi pensieri negativi ci sono alcune tecniche che potrebbero aiutarti a superare quei momenti in cui ti sembra che tutto sia andato perduto.

1. Nota quello che stai pensando e cerca di forzare te stesso a non pensare con un filtro negativo a ciò che "potrebbe" succedere. Alcune volte ci creiamo dei "film" in testa pensando al nostro futuro come al peggiore degli scenari possibili. In quel momento bisogna tornare coscienti e pensare che tutto può essere risolto: fermati, respira profondamente e scrivi quali potrebbero essere le azioni che portano alla soluzione del problema.

2. Invece di chiederti: "Perché è accaduto questo?", chiediti: "Cosa posso fare per risolvere il problema?". Bisogna essere in grado di trasformare gli errori in lezioni.

3. Pianifica del tempo per pensare alla risoluzione del problema. Invece di stare lì tutto il giorno a pensare a quello che è accaduto e rimuginare sulle cose che hai detto o fatto, decidi di dedicare una parte precisa della tua giornata, anche mezzoretta, alla risoluzione di quel problema. Pensa in modo concreto, non fare ipotesi su cose che potrebbero non accadere mai.

5. Distraiti! Quando hai pensieri negativi cerca di distrarti dal quel momento. Concentrati su un nuovo progetto e lascia il problema in un "angolo" dove tornerai più tardi, a "mente fresca".

Ti garantisco che se impari a guardare i tuoi pensieri in modo più concreto e cosciente, riuscirai molto più facilmente a rimuovere stress e preoccupazioni inutili, risolvendo anche più velocemente i tuoi problemi.

"Qualunque cosa tu possa fare o sognare di fare, incominciala! L'audacia ha in se genio, potere e magia.

Goethe

LEGGERE LA MENTE

Alla fine di ogni mio spettacolo di mentalismo le persone mi chiedono come sia possibile "leggere la mente" e, quindi, capire quale parola scelta da un libro una persona stia pensando oppure indovinare il codice PIN di un telefonino e via dicendo. Ovviamente noi mentalisti abbiamo dei "trucchi", e non mi riferisco ai trucchi di un prestigiatore! Sto parlando di linguaggio e intuizione allenati, che danno "l'illusione" di poter leggere la mente delle persone.

Ci sono delle tecniche che portano a sviluppare una "telepatia" o, come preferisco chiamarla io, una "sottile connessione cerebrale" con le persone.

Ecco una lista di tecniche che puoi utilizzare divertendoti e testando la tua abilità telepatica. Per la buona riuscita di questi esperimenti, segui il tuo istinto e lascia la mente "aperta" a ricevere informazioni!

Innanzitutto credi in quello che stai facendo. Quando sono in scena credo davvero di poter leggere la mente delle persone! E questo mi dà una carica intuitiva maggiore per "leggere" i vari segnali che le persone mi inviano attraverso il loro linguaggio non verbale. Se provi a fare questo test con un tuo amico, partite entrambi dal presupposto di credere in quello che state facendo.

La trasmissione mentale è sicuramente più facile se la persona che hai davanti (almeno nei primi test) è una persona che conosci bene, o magari un familiare. Quante volte ti sarà capitato di ricevere una chiamata da una persona a cui stavi pensando in quel preciso istante? Questo è un processo telepatico che si crea soprattutto quando c'è un forte legame tra due persone.

Prova a percepire mentalmente un colore "sentendo" le sensazioni di chi hai di fronte. Se la persona davanti a te sta pensando il colore rosso, per esempio, potresti percepire una sensazione di calore. Apriti a tutte le sensazioni, sii ricettivo.

Calma la mente! Per ricevere le sensazioni bisogna essere calmi e in pace con se stessi. Se abbiamo mille pensieri per la testa, sicuramente non sarà cosa facile capire cosa stia pensando un'altra persona. Io, per esempio, prima dello spettacolo, mi siedo per dieci minuti in una stanza silenziosa e rilasso la mente cercando di rimuovere tutti i pensieri vaganti!

Usa diversi indizi! Non abbiamo poteri paranormali, quindi per capire cosa una persona sta pensando devi basarti anche su altri indizi, tra i quali, per esempio, il linguaggio del corpo.

Fai questo esperimento: chiedi ad una persona di nascondere una moneta in una delle due mani e di tenere poi entrambe le mani davanti a sé. Chiedigli di focalizzare il pensiero sulla mano che contiene la moneta. A un certo punto noterai che il suo naso e la testa saranno leggermente rivolti verso un lato: ebbene questo sarà il loro segnale inconscio che ti porterà a capire qual è la mano che contiene la moneta!

Mescola tutti gli indizi e a questi aggiungi la tua intuizione: vedrai che ti sarà molto facile capire cosa gli altri stanno pensando.

Apri la tua mente alla ricezione di immagini. Quando sei davanti a una persona che ti sta trasmettendo un pensiero, lascia che la tua mente vaghi tra le sensazioni che quella persona ti sta dando. Per esempio, nel mio spettacolo chiedo a una persona di fare un disegno e (ovviamente) di non farmelo vedere.

A questo punto, prima mi baso sul suo linguaggio non verbale e le chiedo di immaginare di rifare il disegno dieci volte più grande su una lavagna immaginaria. Nel momento in cui lo fa, cerco di seguire i movimenti inconsci dei suoi occhi e questo mi fa capire se ci sono linee circolari o rette.

Successivamente le do la mano e le chiedo d'immaginare di fare questo disegno. In questo caso cerco di sentire dove la mano mi sta portando; molte volte capita addirittura che inconsciamente le persone disegnino "nell'aria"! Per finire, lascio la mia mente vagare tra le immagini che mi vengono in mente, per poi scegliere quella che credo corrisponda con tutti gli indizi provati.

Sicuramente non è una cosa facile, ma come in tutte le cose ci vuole dell'allenamento.

Inizialmente, prova a far scegliere un disegno tra una lista di soltanto cinque disegni semplici (casa, sole, fiore, cuore e barca), così sarà più facile le prime volte capire di cosa si tratti.

Devi fare tanta pratica. Non c'è nulla di esoterico o sovrannaturale in tutto questo, tutti noi abbiamo le facoltà di capire cosa un'altra persona possa pensare in quel momento, ma bisogna che impariamo ad osservare. Infatti, siamo abituati a guardare ma non ad osservare. Un buon allenamento che potresti fare è di osservare le persone, magari mentre sei in metro, e cercare di percepire quello che stanno provando.

Sono stressati? Immagina perché e cosa potrebbero pensare. Li vedi tristi? Fai una "lettura" di quelle persone e apriti alla percezione delle sensazioni che ti inviano.

LA PERSUASIONE

La persuasione è ovunque! Basta andare in un supermercato per capire con quale precisione alcuni prodotti vengono messi in posti specifici, per esempio sugli scaffali ad altezza occhi, in modo da convincere gli utenti a comprare quei determinati articoli, mentre altri beni di necessità vengono messi nei posti più nascosti.

Diciamoci la verità, chi non vorrebbe avere capacità persuasive? Il grande Robert Cialdini ha speso una vita intera nell'analizzare i comportamenti della mente umana nella persuasione; per conoscere tutte le tecniche persuasive esistenti avremmo bisogno di centinaia di pagine, ma visto che "I consigli della volpe" sono pratici e veloci, ti elencherò di seguito alcune tecniche di base.

Bisogna innanzitutto chiarire la differenza tra un "manipolatore di pensieri" e un "persuasore". La manipolazione consiste nel far fare ad una persona qualcosa che non vuole, mentre la persuasione è l'arte di far fare a una persona qualcosa che porta dei benefici a entrambe le parti.

La persuasione non deve essere vista come una tecnica utile solo nel business, ma anche in campo personale. Alcune tecniche persuasive sono utilizzate per aiutare le persone a smettere di fumare, per esempio. Alcuni life coach utilizzano queste tecniche addirittura per aiutare le coppie in difficoltà. Insomma, si può persuadere per fare del bene e non solo per convincere le persone ad acquistare qualcosa.

Sicuramente ci sono diversi strumenti utili alla persuasione. Dipende dall'obiettivo che finale abbiamo.

Se siamo un'azienda, partiremo dall'immagine del brand, magari utilizzando uno slogan che in qualche modo stimoli la curiosità delle persone. Se, invece, vogliamo persuadere la persona che ci è di fronte dobbiamo tener conto di diversi aspetti, che vanno dalla postura e, quindi, dal nostro linguaggio non verbale, e arrivano al modo in cui le nostre idee sono presentate.

La prima cosa da fare è puntare su un gruppo di persone che sai già risponderanno positivamente alle tue tecniche persuasive. I politici, infatti, in periodo pre-elettorale spendono tutte le loro energie verso un gruppo specifico di persone e questo perché queste ultime, prese dal coinvolgimento verso le idee esposte, andranno a loro volta a influenzare il punto di vista di altre persone.

Un'altra cosa importante, quando ci troviamo a persuadere una persona, è farle dei complimenti, e non sto parlando di cose banali del tipo: "Che bei capelli che hai", ma di complimenti più sottili, che fanno in modo che la persona si apra più facilmente a ricevere le nostre idee.

Un'altra cosa importante è il concetto della reciprocità, che consiste nel dare qualcosa a qualcuno facendo scattare in quella persona l'obbligo di ricambiare. Questa è una tecnica usata spesso nell'e-commerce. C'è chi, ad esempio, ti offre un servizio gratuito chiedendoti nel contempo di iscriverti al suo blog, così da essere aggiornato sui suoi servizi a pagamento. Il potenziale cliente, visto che ha ricevuto qualcosa gratis, sarà più restio a dire di no.

Naturalmente quando proponi una tua idea devi essere sicuro di ciò che dici e di quello che stai offrendo: devi essere credibile.

Insomma, devi far capire a chi ti è di fronte che tu sei un'autorità in quel settore e sai bene il fatto tuo. Infatti, quante volte ci capita di acquistare un prodotto piuttosto che un altro, perché magari il primo è un'autorità nel settore, e quindi tutti ne fanno uso, mentre l'altro magari ha la stessa qualità o addirittura migliore, ma non lo compriamo perché non ci dà quel senso di credibilità che ha l'altro prodotto?

Per ricordare in modo facile i vari step utili a persuadere un'altra persona, si usa l'acronimo "AIDA", che sta per: Attenzione, Interesse, Desiderio e Azione.

Dobbiamo attirare l'Attenzione di chi ci sta di fronte tramite il nostro linguaggio non verbale, il modo in cui ci presentiamo, la voce… insomma, come spesso si dice: la prima impressione è quella che conta.

Poi dobbiamo far scattare nell'altra persona l'Interesse per quel determinato prodotto, facendole capire quali potrebbero essere i benefici che avrebbe grazie ad esso. Una volta che hai capito che la persona ha assimilato i concetti e la vedi predisposta a saperne di più, questo è il momento giusto per far scattare il Desiderio, e questo può avvenire facendole delle offerte alle quali non potrà dire di no, come regalare dei servizi extra, dei bonus e così via.

Questo è uno step importante, perché dovrai trasformare il suo processo mentale in un secco "SÌ"! A questo punto passi all'Azione, cioè alla chiusura del contratto, però mi raccomando: quando sei al deal finale, sii sempre grato, gentile e non farti prendere dall'urgenza nel chiudere il discorso, in quanto l'altra persona potrebbe avere una sensazione negativa e quindi potrebbe cambiare idea all'ultimo secondo.

Dovrai essere costante nel modo in cui ti poni verso le persone dell'inizio alla fine. Ho avuto diverse esperienze personali con persone che volevano vendermi dei servizi, che all'inizio sembravano molto attente alle mie esigenze, quasi mi coccolavano, e poi, nel momento in cui avevano capito che stavo per accettare le loro proposte, hanno cambiato subito registro, creando una specie di muro tra me e loro. Ovviamente, avendo percepito questa cosa, mi sono allontanato da loro.

La persuasione, se usata nel modo giusto, può darti dei grandi vantaggi, non solo nel lavoro, ma anche nella vita di tutti i giorni.

Studia con attenzione queste tecniche di base e ti garantisco che ti cambieranno la vita!

"Non hai bisogno di vedere l'intera scalinata. Inizia semplicemente a salire il primo gradino"

Martin Luther King

LA CONSAPEVOLEZZA

Se sei consapevole di ciò che ti accade, sei anche in grado di superare i problemi che dovrai affrontare. Se sei "sul momento" e pensi coscientemente a quello che ti sta accadendo, riesci a prendere il controllo del tuo stato mentale e quindi a superare ogni difficoltà.

La consapevolezza è l'atto di accettare in modo intenzionale la percezione delle sensazioni e dei pensieri che viviamo in un determinato momento: questa facoltà ci dà la possibilità di avere il controllo delle nostre emozioni.

Nell'essere consapevoli di ciò che ci accade, possiamo:

1. liberarci da stati ansiosi.

2. vivere il momento senza vedere una situazione più negativa di quello che è.

3. controllare i nostri scatti impulsivi.

4. prendere delle decisioni corrette (senza fare la prima cosa che ci passa per la testa) e tanto altro.

Ma come si acquisisce questo livello di consapevolezza?

Per entrare in contatto con il nostro subconscio possiamo usare la meditazione. Come già detto nel libro, la meditazione è fondamentale, non solo per il nostro benessere psico-fisico, ma per riuscire a "fermare i pensieri", cosa utilissima per avere il controllo di ciò che ci passa per la testa. Se riusciamo ad essere padroni della nostra mente, e quindi dei nostri pensieri, attraverso la meditazione, riusciremo in modo più semplice a "bloccare" consapevolmente alcuni pensieri negativi.

L'idea di base è che nel momento in cui ci vengono dei pensieri negativi, bisogna attuare un "discorso interiore" che ci fa tornare nel "presente".

Normalmente, quando abbiamo dei pensieri negativi, facciamo l'opposto, cioè ci lasciamo invadere da essi. Con la consapevolezza, invece, riusciamo ad esserne padroni e quindi a debellarli.

La consapevolezza, purtroppo, non si acquisisce da un giorno all'altro, ma si può fare pratica nell'essere nel "presente" praticando il discorso interiore anche quando facciamo cose semplici. Per esempio, se stai guardando la tv potresti dire a te stesso: "Sono seduto sul divano, sto guardando un documentario. Non so se sono d'accordo con le idee che vengono esposte nel filmato, ma potrei sempre approfondire il discorso successivamente". Nel fare questo esercizio sei stato cosciente di ciò che facevi e pensavi: eri "consapevole"! Questa semplice tecnica, che puoi utilizzare in ogni momento della tua giornata, ti farà entrare in contatto con te stesso.

Allenandoti potrai utilizzare la consapevolezza anche in momenti più difficili.

Prendiamo ad esempio un momento di ansia. Che cosa succede quando perdi la consapevolezza? In quel momento il respiro diventa affannoso, sei distratto, non riesci a renderti conto di ciò che ti sta accadendo, ed è proprio in quel momento che devi "attivare" il discorso interiore, cosciente e consapevole, di ciò che ti sta succedendo.

Quindi dovrai dire a te stesso: "Okay, ora stai calmo, rilassati e pensa a rimuovere questo momento. Sono rilassato e in controllo dei miei pensieri".

A questo punto fermati un attimo e rifletti sull'accaduto in modo cosciente. Analizza il motivo di quello stato d'ansia e come lo si può evitare in altre occasioni.

Fermarsi per un attimo, essere presenti e parlare con se stessi è fondamentale per uscire dal quel tunnel che in quei particolari momenti ci porta alla perdita di coscienza e, quindi, di consapevolezza del presente.

Naturalmente la consapevolezza la si può usare anche per raggiungere degli obiettivi specifici. Per fare questo bisogna creare quel dialogo interno che ci porta ad analizzare tutte le varie soluzioni a problematiche che possiamo incontrare nel nostro cammino per arrivare a quel determinato obiettivo. Il fatto di essere consapevoli di ciò che facciamo e di ciò che ci circonda ci porta ad analizzare la vita in modo diverso, ci fa vedere ciò che gli altri non riescono.

Comincia a praticare la consapevolezza anche nelle piccole cose che fai tutti i giorni e ti assicuro che quando arriveranno i problemi li affronterai in modo totalmente diverso.

IL POTERE DELLE DECISIONI

Spesso mi viene chiesto come si fa ad avere successo.

A queste persone rispondo sempre così: **il successo arriva nel momento in cui decidiamo di ottenerlo**. Il concetto è molto semplice, il problema però sta nel metterlo in pratica. Vedi, le persone che hanno successo hanno preso delle decisioni. Hanno deciso di essere determinate, hanno deciso di fare un certo percorso, hanno deciso di non fermarsi davanti alle difficoltà. Le persone che non hanno successo hanno semplicemente deciso di non fare un determinato cammino, hanno deciso di accontentarsi.

La forza delle decisioni è l'unica cosa che plasma il nostro destino, in tutti gli ambiti: famiglia, lavoro, relazioni, e così via. Quante decisioni hai preso nella vita che hanno cambiato il tuo futuro?

Magari qualche anno fa, se non avessi preso una determinata decisione, la tua vita sarebbe stata totalmente diversa. Il segreto per avere una vita perfetta sarebbe quello di poter sempre prendere le giuste decisioni, ma questo sappiamo che non è possibile!

Il problema è che le persone non hanno il coraggio di prendere le decisioni difficili: vogliono prendere quelle più "comode", che spesso, però, si rivelano sbagliate. Quello che poi inevitabilmente accade è seguire l'onda di ciò che succede, entrando in un vortice di situazioni che sfuggono dal controllo.

Ricorda, le decisioni che prendiamo sono quelle che cambieranno il nostro destino. Se ci troviamo davanti a una decisione difficile, ma sappiamo che quella sarà positiva per la nostra vita, allora la prenderemo, nonostante le difficoltà che bisognerà affrontare.

Se ci accontentiamo di rimanere nella stessa situazione, non faremo altro che scegliere di non essere felici. Quello che ci ferma è la paura. La paura di non sapere ciò che quella decisione potrebbe portarci. Ma è proprio il fatto di buttarsi in quell'incertezza che ci farà essere sicuri di noi stessi nel proseguire uno specifico cammino.

Voglio farti due esempi:

Una coppia di amici sta vivendo una vita matrimoniale terribile, ormai non vanno più d'accordo, litigano continuamente e la loro vita è un inferno, ma nessuno dei due è in grado di prendere una decisione, quella decisione che cambierebbe la loro vita per il meglio. E sai perché non lo fanno? Perché vivono ormai nell'onda della loro storia, come fossero ipnotizzati. Non hanno potere di pensare consciamente alla risoluzione del problema.

Ricorda: noi non siamo nati per sopravvivere, ma per fare della nostra vita un successo, sotto tutti gli aspetti!

Ora, invece, voglio parlarti di me:

Io sono diplomato al conservatorio di Musica in Organo, pianoforte e composizione organistica. Avrei potuto fare l'insegnante, avevo la possibilità di avere il famoso "posto fisso". Ma dall'altro lato c'era la mia passione, il sogno di poter girare il mondo, guadagnare in un certo modo ed essere libero! Questa ovviamente non era la strada sicura. Io, però, ho deciso di prendere la strada che non mi dava sicurezza, e sai perché?

Perché ero determinato, desideravo quel tipo di vita, sapevo che se avessi scelto la strada comoda avrei vissuto una vita che non volevo.

Oggi, grazie a quella decisione, sono un mentalista con cinque premi internazionali, ho scritto libri di settore che hanno venduto migliaia di copie e giro il mondo lavorando sulle navi da crociera. E sono felice!

Ovviamente per arrivare a tutto ciò ho dovuto prendere delle decisioni difficili. Mi sono allontanato dalla mia famiglia per un lungo periodo di tempo, ho detto addio a persone che amavo. Però poi è successa una cosa magica: facendo la scelta di lavorare sulle navi, sette anni fa conobbi una ragazza che poi è diventata mia moglie. Ora, se non avessi preso quella scelta, la mia vita sarebbe stata completamente diversa. Come vedi c'è veramente MAGIA NEL POTERE DELLE DECISIONI. E allora perché non approfittare di questa magia, perché non creare questa magia nella nostra vita? Cosa ci costa? Dobbiamo solo decidere!

I leader si chiamano così perché prendono delle decisioni difficili tutti i giorni! E se poi non vanno bene, cambiano! Però rischiano! Da oggi devi decidere di diventare leader di te stesso!

La vita è piena di possibilità incredibili che sono pronte per essere vissute: dobbiamo solo decidere di prenderle! Noi siamo i creatori della nostra vita!

Desidera ciò che vuoi con tutto te stesso e agisci per ottenerlo!

Ringraziamenti

Siamo giunti alla fine di questo libro: è stato un duro lavoro ma allo stesso tempo stimolante!

Voglio ringraziare te, caro lettore, per aver deciso di seguire i "Consigli della Volpe". Spero ti saranno di aiuto come lo sono stati per me. Non ho scritto questo libro per "insegnare" qualcosa, ma per condividere con te delle tecniche apprese in tantissimi libri che ho avuto la fortuna di poter leggere nel corso della mia carriera e altre che, invece, ho potuto ideare sempre grazie agli stimoli ricevuti dalle mie letture.

Sarebbe impossibile ringraziare con i dovuti crediti tutti i grandi "guru" della comunicazione che mi hanno ispirato nella realizzazione di questo libro, ma voglio solo citarne qualcuno e magari invitarti ad acquistare i loro libri, dove troverai argomenti, trattati anche in questo testo, che stimoleranno la tua realizzazione personale.

Il mio "grazie" va quindi a: Tony Robbins, Robert Cialdini, John C. Maxwell, Deepak Chopra, Zig Ziglar, Brian Tracy, Jack Canfield, Richard Bandler e tantissmi altri che hanno letteralmente cambiato il mio modo di affrontare la vita.

In questo libro ho cercato di condensare in consigli brevi e pratici tutti questi concetti, mescolati con le mie esperienze personali, cercando di creare un vero e proprio "manuale" da tenere sempre con sé.

Ringrazio il mio amico fraterno e collega mentalista, Alessandro Castrianni, per la revisione del testo e la pazienza!

Grazie anche alla mia amica Mary Parpinel per la creazione dell'ash-tag #iconsiglidellavolpe

David Michael Fox, per la creazione del logo della Volpe e, ovviamente, la mia famiglia per il continuo supporto.

Vi aspetto sulla mia pagina di Facebook "Luca Volpe Mentalista Motivazionale", dove potremmo rimanere in contatto e condividere le nostre esperienze e successi!

A presto

Luca Volpe

COVER ART

DAVID MICHAEL FOX
hotsy@windstream.net

REVISIONE & EDITING

ALESSANDRO CASTRIANNI
alessandro.castrianni@gmail.com

LUCA VOLPE OFFICIAL WEBSITE

www.lucavolpe.com

SEGUI LUCA VOLPE
"MENTALISTA MOTIVAZIONALE"
SU FACEBOOK

YOUTUBE
www.youtube.com/lucavolpe

CONOSCI L'AUTORE

Luca Volpe è stato definito il "Rembrandt del Mentalismo" ed è  considerato uno dei più innovativi mentalisti al giorno d'oggi, non solo per il suo originale modo di fare spettacolo ma anche per proporre al pubblico esperimenti di mentalismo mai visti prima.

La naturale abilità nel far divertire ed emozionare il pubblico, fa di Luca Volpe il performer più richiesto per convention aziendali ed eventi di ogni tipo.

Negli ultimi anni ha presentato il suo show per più di un milione di spettatori in tutto il mondo calcando le scene di teatri internazionali e navi da crociera.

Due volte vincitore del premio internazionale "Merlin Award" in qualità di *Mentalista dell'Anno,* del "Nostradamus Award" con il titolo di *Migliore Mentalista Europeo*, del "Robert Houdin D'Or" (Primo Premio) con il titolo di *Migliore Mentalista in Europa* e vincitore del prestigioso "Annemann Award" per *il contributo all'arte del mentalismo nel mondo*.

Luca Volpe è autore di molti libri per mentalisti professionisti che sono stati "best sellers" in tutto il mondo, vendendo oltre 15,000 copie. La sua immagine è stata raffigurata sulla copertina di molti magazines del settore e il suo lavoro come consulente lo ha portato a collaborare con mentalisti di fama internazionale, per i quali ha scritto show teatrali e format televisivi andati in onda in Asia e Stati Uniti.

 Di seguito troverai delle pagine bianche, usale per scrivere i tuoi pensieri e sopratutto i tuoi obiettivi. Ricorda di mettere sempre per iscritto tutto ciò che desideri, in modo da poter focalizzare la tua mente su ciò che vuoi ottenere!

"Se vuoi qualcosa che non hai mai avuto, devi fare qualcosa che non hai mai fatto"

Thomas Jefferson

I MIEI OBIETTIVI

I MIEI PENSIERI

APPUNTI